JN064693

地球で
MAMA
になった
MOMO
多次元宇宙から
やってきた
女の子の大冒険！
momo
VOICE

はじめに

はじめまして！

「みえない世界の案内人」こと、ＭＯＭＯです。

あなたは、みえない世界があると信じますか？

私は小さい頃から、みえない世界は存在していると信じてきました。

なぜなら私は、みえない世界と行き来をしながら、私なりに人生の旅路を歩んできたからです。


私は、ものごころついた頃から、この現実の世界に生きながらも、折に触れて、みえない世界の存在たちとおしゃべりをしてきました。

そんな存在たちとは、龍やユニコーン、天使や光の存在たち、小さいおじさん（43ページで紹介しています）、妖精、また、亡くなった人々のスピリットや守護霊、宇宙人たちなど、さまざまな次元にいる数えきれないほどたくさんの存在たちから、いろいろなことを教えてもらったり、彼らと一緒に遊んだりしながら育ってきたのです。

そんなちょっと変わった私の人生の歩みについては第1章で詳しくご紹介していますが、周囲の人からは理解されないような不思議な体験をしてきた私だったからこそ、小さい頃から現実の世界における日常生活ではいじめに遭ったり、生きづらさを感じたりする日々もあったのです。

でも、おかげさまで現在、多次元を行き来しながら育ってきた私なりの視点やものの見方・考え方があることで、この地球で生きる人たちに、「今という瞬間を大切にしながら生きることの大切さ」を、セッションを通してお伝えできているのです。

今回、そんな私の生き方・考え方をお伝えする本の制作の準備をはじめた瞬間に、新しい命を授かることになりました。

そこで、この本は私が初めて向き合った出産という体験を通して、新しい命について、母と子の関係について、また、改めて〝生きる〟ということについてなどを深く考えることになったのです。

特に、出産にあたっては、出産前と出産後には産婦人科医であり、医師・医学博士の池川明先生との対談をする機会を頂戴しました。

日本における体内記憶のスペシャリストである池川先生から、出産前にいただいたアドバイスや出産後にいただいたお言葉はとても貴重で、きっとこれからママになる人や、現在、子育て中の人たちにも役立つ情報ばかりだと信じています。

もちろん本書は、すでに子育てが終わった人だけでなく、お子さんがいらっしゃらない人や男性の皆さんにも、今、地球に生まれてくる新しい魂たちと私たち大人がどのように一緒に生きていくべきか、などについて、きっと新しい気づきがたくさんあるはずです。

そう、今、スターシードたちが降り立つ地球における子育ては、これからは地球の皆が全員で力を合わせて行う時代が到来しているのです。

さあ、それでは、これから私が皆さんを〝みえない世界〟にご案内していきます。

また、最後にお会いしましょう！

MOMO

CONTENTS

CHAPTER 2

MOMOがママになる！

CONTENTS

CHAPTER 3

出産前対談 池川明先生×MOMO

CHAPTER 4

出産後対談 池川明先生×MOMO

CONTENTS

CHAPTER 5

MAMAとして生きていくMOMO

CHAPTER 1

多次元宇宙から地球にやってきた

MOMO

この世界にやってくる前に、光の存在が語ってくれたこと

愛される人になりなさい。
たくさんの人があなたのことを待っていますよ。
もう、私がいなくても大丈夫だから、行っておいで！
絶対に大丈夫だから。

これから、たくさんの人にお世話をしてもらいなさい。

たくさんの人があなたを助けてくれるでしょう。

でも、お世話をしてもらったら、愛してもらったら、
あなたもきちんと恩返しをしてくださいね。

やがて、あなたが成長して、
あなたから次の新しい命が芽吹くとき、
その子に教えてあげなさい。
この地球の愛というものを。
学んだことを、できるだけわかりやすく伝えてあげなさい。

すると、その子の中に眠っているパワーが目覚めはじめるの。
いいえ、その子だけじゃないわ。
皆の中に眠っているパワーも呼び起こされるでしょう。
あなたは、そんな才能を持ち、これから生まれるの。

あなたが言葉を発するだけで、
眠っているものがどんどん目覚めて開花する。
だから、どんどん言葉を発して伝えなさい。
あなたはメッセンジャーとなり、

皆のために生きることになります。
そして、そんな生き方は、あなたにとって喜びになるでしょう。
この上ない幸せになるはずです。

今、あなたに話したことをあなたは忘れてしまうけれど、
その時が来たらあなたは思い出すでしょう。

さあ、あなたの人生を思うがままに歩んでいきなさい！

両親のキューピッドもやって、生まれてきた！

私は、ものごころついた時から、みえない世界とつながって生きてきました。

さらに言えば、生まれてくる前にいた次元での記憶からはじまり、母親の胎内に入ってからの胎内記憶も残っています。

その後、この世界に誕生してからの幼少期以降、みえない世界と見える世界を常に行き来する生活は私にとってあたり前だったのです。

子どもの頃は、そんな私の生き方は、他の人たちも皆、同じだと思っていたのです。

では、ここでこの世界に生まれてくる前の多次元の記憶の幾つかをご紹介します。

まず、母のお腹の中に入っている時は、自分の魂が母のお腹の中から出たり入ったりして、いろいろな次元を行き来していたのを憶《おぼ》えています。

行き交う次元の中には、天国のような世界もあれば、地獄のような世界、また、はるか彼方に広がる宇宙のどこか見知らぬ惑星のような場所にも行ったりしていました。

そして、その頃から、それぞれの次元で出会う天使や龍、ユニコーンたちと遊んだり、そんな高次元の存在たちから、さまざまなことを教えてもらっていたことを憶えています。

ちなみに、小さい頃は、幽体離脱をすることも多かったのですが、その際にも、幽体離脱をして訪れた世界で、天使や龍、ユニコーンたちにはよく遊んでもらっていました。

この世界にやってくる時には、自分で母親を選んでやってきました。

もっとさかのぼれば、母親が祖父母の子どもとして生まれる前から、母親の魂を「私のお母さんになってほしい！」と決めていたことも憶えています。

過去生においては、母親とは前世では親子の関係ではなかったのですが、輪廻転《りんねてん》生《しょう》をする中でお互いに縁が深い魂同士であり、ある人生では2人は双子だったり、ある人生では親友だったりして、いつも私の近くにいてくれた魂だったのです。

母親の魂は、どの人生においても私のことを元気づけてくれたり、なぐさめてくれたり、生きる力を与えてくれたりするかけがえのない大切な人でした。

その関係は、いわゆる、ソウルメイトのような関係なのかもしれません。

だから、魂レベルでの私は、いつしか母の魂のことを「次の人生では、お母さんになってくれたらいいのにな……」と考えるようになりました。

そこで、母がこの世界に生まれてくるのを待ち伏せすることにしたのです。

また、一緒の人生を生きるために。

そして、予定通り、母親がこの世界に生まれてきたことで、「母親の子どもになろう！」と決めたのです。

母親の魂と一緒に生きたいという理由は、いつも一緒にいたい、というだけでなく、「今回の人生で自分のミッションを果たすためには、母親の魂に自分の母親になってもらうしかない」、ということがどこかでわかっていたからです。

そこで、父親と母親の出会いから結婚までをもセッティングするなど、キューピッド役のようなこともやることにしました。

この人生での3つのミッションとは

そして、そんな計画も上手く運び、予定通り母親から生まれてきた私は、すでに3歳の頃には、自分のこの人生でのミッションを母親に宣言していました。

これについて、私自身ははっきりとは憶えていないのですが、母親がその時のことをメモに残しておいてくれていました。

私の人生における3つのミッションとは、①「人にやさしくすること」、②「人の役に立つこと」、③「これから世の中がおかしな方向へと進んでいくから、それを正しい方へと導いていくこと」、ということでした。

それらのミッションについては、その後、自分では忘れていたのですが、すでに小学校1、2年生の頃には、自分は他の子たちとはちょっと違う、ということにうすうす気づいていました。

例えば、この世界には実際に物質的に存在していないモノが見えたり、声が聞こえたりして、常に私はそんな存在たちともやりとりをしていたからです。

ちなみに、そんな存在たちの種類は千差万別で、中には、この地球で生きていくための叡智《えいち》を教えてくれたりする賢者のような存在もいれば、学校の同級生などについて「この子は、こういう性格の人だから気をつけた方がいいよ！」と、こっそり耳打ちをしてくるような、ちょっとした日常的なアドバイスをくれる存在もいました。

幽体離脱で現実逃避する!?

子どもの頃は、誰もがそうだと思いますが、常に親から叱られたりしながら育ちます。

でも、やっぱり、叱られるのは嫌なものです。だから、叱られるときには、別のことを考えたりして現実逃避をしていた人も多いのではないでしょうか。

私にとっての現実逃避は、幽体離脱でした。

私の母はとても厳しい人で（自分で選んできた母親ではあったのですが）、小さい頃はよく叱られていただけでなく、3歳からはじめた卓球も、母がスパルタコーチのようになって鬼のような指導をしてきました。

そこで、母親から叱られている最中に、どうしたらここから逃げられるのか、ということばかり考えるようになったのです。

そして、いつの間にか、私は幽体離脱をしてその場から現実逃避するという習慣を覚えたのです。

幽体離脱とは、肉体から魂が抜け出る状態のことです。

この幽体離脱を行うためのテクニックを習得しようとする人もいるようですが、私にとって、幽体離脱はとても簡単だったのです。

その方法は、自分の口から魂が抜けるようなイメージをすること。

もちろんその当時は、そのこと自体が幽体離脱という名の現象であることは知る由もありません。

とにかく、簡単に幽体離脱ができた私は、すぐに目の前に展開しているつらい状況から離れ、自分の身体を天上から見下ろしたり、他の次元へ飛んで行って、いろいろな存在たちと遊んだりしていたのです。

ただし、母親の方も一枚上手でした。

そのうちに、叱られている最中の私が、〝その場〟にいないことに気づくようになったのです。

なぜなら、ついさっきまで叱られて大泣きしていたはずの私が、突然、にやにやと笑いはじめたり、母の説教を馬耳東風状態でまったく聞いていなかったりすることがわかったからです。

そこで、母親も叱る際には作戦を変えることになりました。

私に対して感情的になり怒ることを止めて、おだやかな状態で、しっかりと私に諭すように叱る方法に切り替えたのです。

また、私の魂と肉体が離れてしまわないように、叱っている最中は、私のほっぺたをずっとつねって私が意識的にその場に留まり続けるように努めることもありました。

今、大人になり、母親から怒られることはなくなったので、このような形での幽体離脱はなくなりました。

それでも、今でもちょっと退屈なときや、疲れているとき、眠る前にぼーっとしているときなどのタイミングには幽体離脱をすることもあります。

幽体離脱は私にとっては多次元への大冒険タイムであり、いろいろな存在たちと出会って癒やされるスペシャルな時間でもあるのです。

もし、幽体離脱にトライしようとする人がいるのなら、私からのアドバイスがあります。

それは、決して心が暗い状態のときには幽体離脱はしないこと。また、幽体離脱をする際には、きちんと自分の身体に戻ってくるというイメージをすることです。

この2つのルールを守って行えば、きっとあなたも多次元への大冒険ができるはずです!

みえない世界を一度シャットアウト！

さて、そんな私ですが、それでも小さい頃はみえない世界と無意識につながってしまう自分に困ることもありました。

そこで、小学校の高学年になると、一度、みえない世界とつながることをシャットアウトしたのです。

やはり、さまざまな存在たちから日常的に声をかけられたりすることや、彼らからあふれてくる情報についていけず、常に心がざわついてしまうこともあったからです。

だから、どうでもいいような話を耳元でされるときなどには、「ちょっと、うるさいわよ！」などと言ってその声をシャットアウトすることもありました。

多次元との交流は楽しくてワクワクすることもたくさんあったのですが、まだそれらを完全にコントロールすることができなかった私は、6年生の頃には、みえない世界とつながるスイッチをオフにすることにしました。

その方法は、意外にも簡単でした！

要するに、「私はみえない世界とつながらない。みえない世界のものを見ないし、みえない世界からの声を聞かない！」と意識すれば、それがそのまま叶《かな》ったのです。

例えば、意図しているわけではないのに、相手の人のことがいろいろと見えてしまう場合は、その人の目を見ないようにすると情報は入ってきません。

やはり、人間の目は〝心（魂）の窓〟といわれるように、相手の目をじっと見つめてしまうと、その人に関するエネルギーが勝手に入ってくるものです。

これは、霊感などがある人、ない人などにかかわらず、誰もが感じることではないでしょうか。

それほど、人の目には魂が宿っているものです。

そこで、私は無意識の状態で相手の情報が入ってくる場合は、意識してその人の目をじっと見ないようにしたり、あえてその人に興味を持たないようにすることで、その人とつながることをシャットアウトすることも覚えました。

逆に言えば、みえない世界＝スピリチュアルな世界とつながりたい人は、その反対を心がけるといいのです。

つまり、みえない世界とつながろうときちんと意識をすること。そして、今という瞬間にもフォーカスして意識すること。

また、ある特定の人の考えていることを知りたいなら、その人の目をじっと見つめるようにするのです。目の奥にある感情を読み取ろうとするのです。

直感力を高めたい方、みえない世界とつながりたい方は、ぜひ、この方法にトライしてみてください。

こうして私は、小6くらいから10代までの数年間は、みえない世界をできる限りシャットアウトして、現実の世界で〝普通の女の子〟としての人生を生きることになりました。

スポーツが苦手な私が、全国レベルで活躍する選手になる！

現実の世界で、私が本気で取り組んだのは卓球でした。

小さい頃から、ピアノや生け花、習字、学習塾、卓球などたくさんの習い事をしてきたのですが、その中でも、唯一苦手なのがスポーツでした。

スポーツの世界は、戦いの世界ですが、もともと私は人と競うことが嫌だったのです。

そこで逆に、一番自分の苦手なことをやっていこうと思ったのです。

それは、「自分の嫌いなことに取り組むことは魂の修行になる」ということが、どこかでわかっていたから。

また、この世界で生きていくことは、魂や意識だけではなく「持って生まれた肉体をしっかり使うことで、グラウンディングできる」ということを自ら体験を通して学ぶ必要があったのです。

私にとって身体を動かすことは、ある種、多次元とこの次元を自由に行き来していた私にとって、この世界になじむためのリハビリのようなもの＝魂と身体を１つにするためのレッスンでもあったのです。

そこで、３歳から卓球をしていた私は、さらに本格的に卓球に取り組むため、卓球の強豪校である中学・高校に進み、そこから20歳になるまで、卓球一筋の〝スポ根〟ドラマのような青春を送ることになりました。

その結果、国体にも出場して5位になるほどまで卓球に打ち込むことになりました。

卓球に夢中になっていた時代は、みえない世界とはあえてつながらず、まさに自分の現実世界を思い切り生きていた時代でした。

とはいえ、みえない世界とのつながりも、まったくなかったわけではありません。

スポーツの世界は勝つか負けるかの勝負の世界です。

スポーツで試合に臨む人たちは、「この勝負には絶対、負けない！」「相手を必ず倒す！」などの思いが強い人こそが勝利を手にします。

それほどスポーツは、思念の強さ次第の世界でもあるのです。

スポーツの世界で生霊が飛び交う⁉

これをみえない世界で表現するなら、スポーツという勝負の世界では、選手たちの強い思念が生霊としてバンバンと飛び交っているような状態でもあるのです。

もちろん、生霊を飛ばしている選手は、自分から生霊を飛ばそうなんて1ミリも思ってもいないはずです。

それでも、「必ず、相手を倒す！」などと思った瞬間に、すでにその強烈な思念は生霊となって、対戦する相手に飛んでいくのです。

そのような場合、生霊を飛ばした方と飛ばされた相手の波動が違う場合は、当然、飛ばされた方はそのことに気づくこともなく、何の影響も及びません。

けれども、相手の方も似たような同じ周波数の関係にある場合、飛ばされてきた生霊にぶつかって調子を落としてしまうこともあります。

そして、まるで相手の強いエネルギーに負けてしまうように、試合での勝負にも負けてしまうのです。

かつて、私も次のようなエピソードを体験したことがあります。

卓球の選手時代、ライバルの友人から熊のキャラクターの抱き枕をプレゼントされたことがありました。

そこで、その枕をベッドで数日間、使っていたのですが、ある日、ふと気づいたら、その熊のキャラクターの顔がその子の顔に変わっていたのです。

つまり、その抱き枕には、ライバルの子の生霊が入っていたのです。

私は、思わず怖くなってその抱き枕は処分することにしました。

もちろん、ライバルの子はそんなことを狙って、私にその枕をプレゼントしたのではないのはわかっています。

それでも、彼女がライバルの私に勝ちたい、という思いが強かったからか、そんなことも引き起こしてしまったのです。

当然ですが、生霊が飛び交ってしまうのは、スポーツの世界だけではなく、普通の人間関係においても同じです。人間の強い思念、特にネガティブな思念は生霊になりやすいのです。

そこで、生霊からの影響はできるだけ受けないようにしたいものですが、その方法はやはり、自身の波動を高く保つことに限ります。

高い波動を保つことの重要性は、常にスピリチュアルの世界で語られていますが、その方法も簡単です。

それは、常に明るい気持ちでいること。そして、ワクワク楽しい周波数の中にいることです。

そんな高い波動を保ち続ければ、どんな状況にあっても生霊の影響を受けずにいることができるでしょう。

身体の仕組みを知りたい！

あなたは、自分の身体の仕組みを理解していますか？
今回、池川明先生との対談（87ページから参照）の中でも、「妊婦さんは身体の仕組みを自分で理解していることが大切」という話をしていますが、実は私は、小さい頃から人一倍、身体のことに興味があったのです。

人間の身体の中は一体、どうなっているの？
それぞれの内臓は、どのように働いているの？
目は何から出来ているの？

目玉にはどうして黒い部分と白い部分があるの？
足や腕はどのように動いているの？

ものごころついた頃から、母親にこのような質問をよく繰り返していました。
やはり、魂の世界では、肉体のない状態で自由に飛び回って遊んでいたことを憶えていた私だからこそ、この世界で魂の乗り物である人体がどのように働いているのかを知りたかったのです。

また、人間の身体とは、その人の魂がどのように生きたいかをこの世界で具体的に体現・表現するための大切な道具でもあるのです。
だから、私は小さい頃から、身体のことが気になって仕方がなかったのです。

この世界では一人ひとりが、それぞれ個性的でユニークな身体を持っているわけですが、私は、人間の身体は、神様からのプレゼント、いえ、いつか神様に返す〝借り物〟だと信じています。

だからこそ、人間の身体がどんな仕組みでどう動くのかを知りたかったのです。

でも、人間の身体のことについては、誰も教えてくれません。

こんなに大切なことなのに、学校の授業では詳しくは教えてくれないし、周囲の皆もこのことにまったく疑問を持っていないのが不思議でたまらなかったのです。


ついにある日、私は母親にこう言ってしまいました。

「人の心臓が見たい！　お母さん、見せて！」、と。

心臓こそが命の源になっている臓器だから、見たくてたまらなかったのです。

この願いは、その後、小学6年生の理科の授業で豚の心臓を見ることで叶いました。

授業で豚の心臓を見て触る機会があった時には、クラスメイトたちが「気持ち悪い！」などと騒いでいる中、私は「これが心臓というものなんだ〜！」と1人でこっそり感動していました。


余談ですが、私は小さい頃から自転車に乗れず、なんとかやっと、大学1年生になって初めて自転車を乗りこなせるようになりました。

自転車に乗れないのは運動神経が悪いからかな？ と思っていたのですが、卓球では一応、アスリートとしての人生を歩んでもいたので、どうして自転車に乗れないのか、その原因がわからなかったのです。

けれども、ある日、その原因がわかりました。
それは、自分の肉体と魂が一体化していないと、自転車には乗れない、ということ。
普通の人は、肉体と魂が一体化というより同化しているので、難なく乗りこなせるのですが、肉体から魂がちょくちょく外へ出て行ってしまう私は、バランスを取ることができないため、自転車には乗れなかったのです。

実際に、今でも私は自転車に乗るのはちょっとヘタだったりします（笑）。

ちょくちょく出没する〝小さいおじさん〟

あなたは、「小さいおじさん」という話は、聞いたことはありますか？

小さいおじさんとは、都市伝説などでよく出てくる小人とか妖精のような存在の小さいおじさんのことです。

身長はほんの1.5センチくらいで（他の人の体験談では3センチ前後という説もあり）、『白雪姫と七人のこびと』など海外の童話などに出てくる小人などと比べても、かなり小さな存在です。

ちなみに、いわゆる小人と呼ばれる存在たちは、もう少し大きく、30センチくらいのサイズはあります（小人にも遭遇したことはあります）。
この小さいおじさんの目撃談は日本でもとても多く、有名人などをはじめ、いろいろな人たちが小さいおじさんと遭遇した体験談や目撃情報を語っているのをご存じの人も多いと思います。

実は、この私も小さい頃から日常的に小さいおじさんたちを見ながら育ってきたのです。

私にとって小さいおじさんとは、妖精のような存在と言うよりは、基本的に、ある種のスピリット（霊体）のエネルギー体ではあるものの、高次元にいるような〝高尚な存在〟ではなく、人間の世界で生きる普通のおじさんたちをそのまま小さくしたような存在たちです。

要するに、人間の周波数に近い存在たち、と言えるでしょう。

もう少し詳しく説明するならば、小さいおじさんたちはちょっと下世話で、ちょっとエッチで（笑）、自分のことしか考えていないような人たちなのです（笑）。

やはり、脳みそも人間より小さいサイズなので、ちょっとおバカなところもあるし、性格なども単純なのかなと思っています（笑）。

もちろん、小さいおじさんたちの性格はいろいろで、おしゃべり好きの人もいれば、静かな人、ユニークで面白い人などさまざまです。

そのルックスもスーツ姿の人もいれば、カジュアルな服、ステテコ姿の人もいます。中には、ちょっとおかまっぽい人もいます。

そんな小さいおじさんたちですが、やさしいところもあるのです。

例えば、私に元気がないときなどは、ぞろぞろと出てきて皆で心配してくれるような思いやりのある人たちなのです。

そして、私がイライラしているときなどは、あえて近くには寄ってこずに、なんとなく少し遠くから私の様子を窺《うかが》っていたりします。

小さいおじさんは水回りによく出没するのですが、よく私がお風呂に入っている時に、小さいおじさんたちはお風呂を覗《のぞ》きにやってきていました。

お風呂に入っていた私は、恥ずかしいので、おじさんたちに向かって、「ちょっと！どこかへ行ってよ！」と声をかけました。

すると、おじさんのうちの1人が、「そうだな。そろそろ奥さんが帰ってくるので帰らんといかん。浮気がバレたら困るからな〜！」と言って帰りたくなさそうなのに、どこかへ消えていったのには笑ってしまいました。

なぜなら、小さいおじさんたちにも、それぞれ家庭があるんだな、ということがわかったからです。

そして、お風呂に入っている私と一緒にいることで浮気になるんだ、ということも面白かったのです。

ちなみに、小さいおばさんという存在はほとんど見たことがありません。

もし、10人の小さいおじさんがいれば、そのうち1人がおばさんだったりするほど希少な存在のようです。

なぜ、小さいおばさんがいないのか、そのあたりは私もよくわからないのですが、〝小さいおばさん〟という概念や集合意識がないことから、その存在も少ないのだと思われます。


お風呂場でのエピソードに関しては、こんなこともありました。

母は小さいおじさんたちがまったく見えないので、私と一緒にお風呂に入っている時にお湯を勢いよく流すのですが、その際に、小さいおじさんたちを湯水と共に一斉に排水溝に流していくことがよくありました。

その時、小さいおじさんたちは、ずぶ濡れになりながら、必死で流されないように踏ん張って、こちらに戻ってこようとしていました。

そんな一生懸命になっているおじさんたちの姿は、ちょっぴりカワイかったです！


ちなみに、小さいおじさんたちには、今でも日常的にちょくちょく遭遇します。

私がベッドで横になって寝ていると、たまに上に乗っかってきてぐーぐーと寝ていたりすることもありますが、私も、もうまったく気にすることもありません。

小さいおじさんたちは、ほっておくと、部屋の中にホコリのように溜《た》まっていくのですが、だからといって、掃除機で部屋を掃除して、小さいおじさんたちを吸い取って1人残らず一掃してしまうのも、逆に居心地が悪かったりするのも事実です。

小さいおじさんたちは、みえない世界の私の家族なのかもしれませんね。

小さいおじさんについては体験談も多いので、読者の皆さんの中にも、小さいおじさんを目撃したことのある人も多いかもしれません。

家の中だけでなく、町中ではカフェやスーパー、お花畑などにもたまにいたりするので、もし、あなたが遭遇した小さいおじさんの面白い体験談があったら、ぜひ、私にも教えてくださいね！

CHAPTER 1

多次元宇宙から地球にやってきた

MOMO

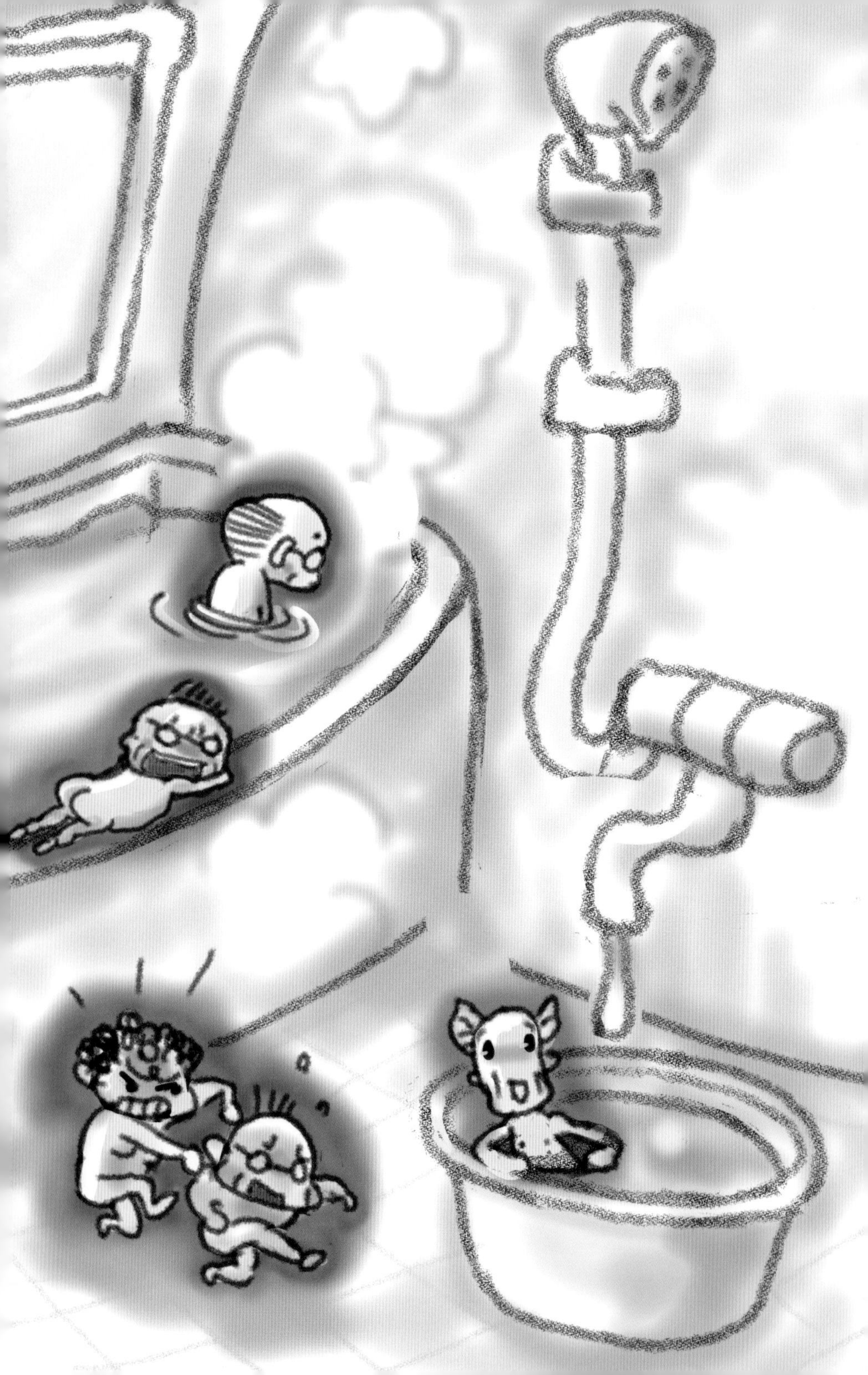

鏡を使って自分を見つめてみる
＝もっと自分を知るワーク＝

私は、日々クライアントさんのセッションを行っています。

その際に、よく感じているのが、意外にも皆さんは自分自身のことを十分に理解していない、ということです。

もし、自分自身のことを理解していれば、自分にとって何が幸せで、何が最高最善の生き方なのか、ということが自分でわかるのにな、といつも感じています。

そこで、ここで自分自身のことを理解するというワークをご紹介したいと思います。

そのためのツールとして、鏡を使います。

「みえない世界を一度シャットアウト!」という項目において、「目は心の窓」であるとお伝えしましたが、「目は心の鏡」という言葉もあります。

人の目にはその人の本質が現れているからこそ、鏡に映る自分の目を見つめて自分のことを知るようにするのです。

私がセッションをしている時、クライアントさんの方は、笑顔なのに目だけ笑ってない人がいます。また、一見、悩みもなく元気そうな表情をしているのに、目だけは悲しそうな人、目からSOSのサインを出している人などもいます。

そんなとき、私はその目の奥から見えてくるものからその人のことを深く掘り下げて、問題を見つけていくのです。

でも、これは自分自身でもできることなのです。

ではここで、あなたの目の前に鏡を置いてみましょう。

目の前の鏡の中に映る自分の目を見つめてみてください。

あなたの目はどんな目をしていますか？

笑っていますか？　怒っていますか？　泣いていますか？

きっと、あなたが今、感じている感情が目の奥にしまわれているはずです。

時には自分の顔なんか見たくないときもあるかもしれませんが、そんな時こそ、自分の目をじっと見つめてみてください。


こうして、自分の目を見つめる習慣をつけていると、自分についての新しい気づきがあるだけでなく、人の目を見たときに、その人の本質もわかるようになるのです。


実は、私は小さい頃から鏡を見ながら育ちました。

母親が仕事で外出する前などに、なぜかテーブルにいる私の目の前に鏡を置いて出ていくのです。

鏡の中には1人で留守番をしながら食事をする私の顔が映るのですが、母親は、「鏡の中に映る自分自身に感謝してね、そして、ご飯にも感謝してね」、と言っていました。

ある日などは、テーブルの上に三面鏡を置き、私と鏡に映る3人の私の計4人で食卓を囲んでいたこともありました（笑）。

このようにして、小さい頃から自分の目を見つめる習慣をつけていたことで、私は自分自身を好きになることができたし、それが人の心を読み取るトレーニングにもなっていたのです。

また、自分のパワーをオフにしてグラウンディングが必要なときは人の目を見ないようにする、ということもこの鏡を見つめる訓練が役に立っていたのです。

神社の拝殿にも鏡が置いてありますね。

これは、神様を拝む時、「鏡に映るあなた自身も神様ですよ」、ということを教えてくれているのです。

つまり、「あなたが神様を愛して大切にするように、あなた自身のことも愛して大切にしてくださいね」、ということなのです。

ぜひ、あなたも今日から鏡を目の前に置いて、目を見つめる習慣をつけてみてください。きっと今より、もっと自分のことを好きになれるはずです。

臓器移植をおすすめしない理由

今、最先端の医療の世界では臓器移植が幅広く行われるようになってきました。病気や事故により、臓器にダメージを受けた人は、他の人から臓器の提供を待っている人も多いのが現状です。

また、いざという時に、自身の臓器を提供する意思を示す「ドナーカード」を携帯して持ち歩く人も増えてきました。

でも、私は個人的には臓器移植は、おすすめはしていないのです。

私たちの身体は、その人だけの唯一無二のものであり、身体は神様がくれたもの、いいえ、神様からの〝借り物〟だからです。

だから、本来なら神様から借りたままの身体を、そのままのカタチでお返しするべきなのです。


例えば、Aさんという人がいたとして、Aさんがある日突然、不慮の事故で亡くなってしまったとします。

そのAさんは自分の臓器を提供することに同意していたドナーカードを携帯していたことから、病院で必要な臓器の順番を待っていた病気のBさんの身体にAさんの臓器が提供されたとします。

この場合、Bさんの命は、Aさんからいただいた臓器のおかげで助かることになります。

Aさん自身は、この世界からはいなくなってしまったけれども、無傷であったAさんの臓器はBさんの身体で再び、生き続けることになります。

けれども、この話は、みえない世界では次のようになります。

まず、亡くなってしまったAさんの魂は、Aさんに臓器を提供されて命を助けられたBさんがその後の人生をまっとうして亡くなるまで、上に上がれないことになってしまうのです。

つまり、Aさんの身体の一部がまだ地上にあることで、Aさんの魂は解放されることなく地上に留まってしまうのです。

また、これはよく巷《ちまた》でいわれることでもあるのですが、ある人が臓器を提供すると、その提供者の感情や性格などが提供される人に移ってしまうことも多々あります。

だから、そういう意味において、私は個人的には臓器移植はおすすめしたくないのです。

もちろん、これは私の意見であり、臓器移植によってたくさんの命が助かっていることも理解しています。

だから、こんな考え方もあるんだ、というふうに受けとめてもらえればうれしいです。

死んだ後の魂はどうなるの？

この本では、出産を1つの大きなテーマにしていますが、ここでは、生命の誕生の反対にある死、生命の終わりについても触れておきたいと思います。

すでにご存じの人も多いように、私たちは死んで肉体がなくなっても、魂は存在します。

基本的に人は死んだ後、魂は上へ上がっていきます。

特に、亡くなった後、生きてきた自分の人生に後悔などない人の魂は、自分が還るべき場所に還っていきますが、その時期は自分の好きなタイミングで還っていきます。

一方で、自分が死んだと自覚できない魂がいます。

それは、この世界への執着があり、まだこの世から離れたくない、という人たちです。そんな人たちの魂は上へは上がれません。

それでも、49日（49日という数字は仏教による概念）が経つと、ようやく自分が死んだことを理解し、この世への思いが薄れていくようになります。この49日の間に、亡くなった魂は自分の生きてきた世界を改めて見に行ったり、会いたい人に挨拶をしに行ったりします。

ちなみに、魂になると肉体がないので寝る必要もないことから、夜になったら私に「暇！」などと言ってくる霊たちも多数いました。私のもとへやってくる霊は、49日まで待って上へ上がる霊が多かったです。

また、亡くなってすぐの魂は、人間の形のままをしていますが、自身が死んだことに気づき、この世への執着がなくなると、徐々に魂の形も丸くなっていきます。

そして、最終的にあの世へ辿《たど》り着くと、この世で行ったすべてのことが映画のスクリーンのようなもので映し出され、人生を振り返ることになります。

こうして、その魂の成長にとって必要な次の人生へと再び、生まれ変わっていくことになります。

新たに生まれてくる際には、何も持たずに生まれてきます。当然ですが、この世を去る際にも何もあの世へは持ち還ることができません。

これが生まれ変わりのサイクルです。


よく、「では、自死をした人はどうなるの?」という質問を受けることがあります。

基本的に、自死をする人、また、死にたい衝動に駆られる人は過去の人生において何度も自死を繰り返してきたことが多い魂です。だから、苦労や困難に直面すると、どうしても死への衝動に駆られてしまうのです。

でも、だからこそ、「今度こそ、その衝動を乗り越えよう!」とチャレンジするために生まれてくるのです。

そして、魂が繰り返してきたパターンを乗り越えられると、新たな魂の旅路へと出発できるのです。

自殺したら楽になる、ということは決してありません。

ただし例外的に、「X（それぞれの数字が入る）歳で自死をする」と決めてくる魂もあります。また、短命の人は、前世でも短命を多く経験した魂も多いです。

人生の中において、誰もが「死にたい！」と思うことはあると思いますが、そんな苦しい時こそ、そこから逃げずに、ぜひ、その状況を乗り越えていってほしいと思います。

私たちは、楽しいことやうれしいことだけでなく、苦しいこと、つらいこと、逃げたくなることなどすべてを含め、人生をまっとうする覚悟で生まれてくるのです。

CHAPTER 2

MOMO がママになる！

妊娠して、赤ちゃんから教えてもらったこと

妊娠が発覚したのは、2023年の6月3日。

妊娠3か月の状態でわかったのですが、その3日後くらいから、ひどいつわりがはじまりました。

その頃は数日間、食事が一切喉を通らず、お仕事の忙しさからのストレスから胃炎になってしまったのかな、と思っていたのですが、それがいわゆるつわりだったのです。

その後、つわりはしばらくすると落ち着き、「〇〇を食べたらいいよ!」などと赤ちゃんが教えてくれるようになりました。

CHAPTER 2

MOMO がママになる!

この章からは、妊娠期間中に私が気づいたこと、赤ちゃんとのコミュニケーションの様子などをお伝えしていきたいと思います。

まずは、今回の妊娠を通して、たくさんの学びがあった中、大きく次のような3つのことを知ることになりました。

これは、これからママになる方たちには、ぜひ、知っておいてほしいことです。

もちろん、子育てがすでに終わった方や、お子さんがいらっしゃらない方、男性などすべての人たちにも「赤ちゃんってこんな存在なんだ」ということを理解していただければうれしいです。

① 妊娠したことで自分を変えない

まず1つめは、赤ちゃんは、「お母さんには、妊娠したことで、これまでの生活や習慣などを変えてほしくない」、と思っています。

例えば、食事の習慣について。

赤ちゃんのことを思って身体にはよくないかも、と自分の好きな食べ物を我慢して健康的な食生活を送らなければと思う人も多いようです。

そこで、食事をオーガニックフードに変える人、また、健康にいいといわれている自分の苦手な食材を食べなければ、という人もいるでしょう。

その他、カルシウムを取らなきゃ、と牛乳を無理して飲むことにストレスを感じるなら、そんな無理はしないでほしい、とのことです。

もちろん、不健康な食事ばかりが続く生活はNGですが、赤ちゃんはお母さんが好きなものを食べて幸せを感じてくれるのが一番うれしいのです。

私の場合、つわりがきつくて食事が摂れない時期に赤ちゃんに「どうしたらいい?」と聞いてみたら、「食べたいものを食べて、たっぷり水を飲んでよく寝てね。歩くことも大事だよ」とアドバイスがきました。

あと、子どもの頃に好きだった食べ物を食べるのもいいそうです。それは、子ども心に戻ってもらうため、とのことです。

お母さんの好きな食べ物は、赤ちゃんにとっても好きな食べものが多いのです。私も子どもの頃に好きだったメロンパン、いちごミルク、アンパンマンのパンなどを食べたくなりました。

例外として、トマトが好きな人がトマトをたくさん食べていたら、赤ちゃんがそこまで好きではなかったようで、トマトアレルギーになったというケースがありました。

食事に関しては、あまり神経質になりすぎずに、好きなものをほどほどに食べるのがベストです。

他にも、赤ちゃんは、お母さんが赤ちゃんのことを思って、と好きだった自分の趣味や仕事を辞めることも望んでいないのです。

赤ちゃんは、この世界でイキイキと輝いているお母さんのことが大好きなので、妊娠したことで、ライフスタイルまでを変えないで、と言っています。

② 赤ちゃんは、お母さんのパートナーやメンター

生まれてきた赤ちゃんは、ついこの間まで霊界にいた存在です。

つまり、この世界で生きている私たちより少し高次元の存在だったりするのです。

私も妊娠以降は、赤ちゃんからたくさんの教えやメッセージを受け取りました。

だから、赤ちゃんは私にとってメンターや親友のような関係性であり、「自分の得意なことをやった方がいいよ！」とビジネスのヒントをくれたり、ずっと気になっていたけれど放置していたことなどを勉強させてくれるような機会を作ってくれたりしました。


例えば私の場合、心と身体の関係に興味があったのですが、妊娠してからは内臓のことをより勉強することにより、人の身体を見た時に身体の内側の色のイメージなどを見て、どこが悪い、などがわかるようになりました。

また、身体と心の関係において、不安があると腰が悪くなることがわかりました。

そこで、腰が悪い人はその人の不安にアプローチして問題を解決して腰を治癒していくなど、身体の不調への対処法なども赤ちゃんからのメッセージで学んだのです。

他にも「お金」と「豊かさ」についても教えてくれました。

この世界では自分の価値に気づかない人が多く、「自分の価値こそ豊かさにつながるので、自分の価値を下げないでほしい」、とのことです。例えば、「これくらいお金がほしい！」と思っていたとしても、「もし、自分の価値を自分で下げているのなら、その人が望む豊かさは叶わない」、と。

そして、そんなふうに自己評価が低く自尊心がない人は、他の人のことも傷つけてしまう傾向があるとのこと。「満ち足りている人は、他の人を不幸にしないよ」、とのことです。

こんなふうに赤ちゃんは、まるで、経営者セミナーの講師のようなことだって教えてくれます。

他には、この地球にはキレイなものがたくさんあるから、皆はそれに惹《ひ》かれてやってくるわけだけれど、キレイじゃないものだってあるのが、この世の中。

それは、地球の環境や人の心などもすべて同じ。

「この世界には光と闇があることを認め、その上で、ネガティブなものや闇とも折り合いをつけながらバランスを取って生きていくことが大事」、とも教えてくれました。

③ 赤ちゃんは赤ちゃんじゃない!?

誰もが赤ちゃんを目の前にすると、その可愛さから「○○でちゅね～！」「バブバブ～！」などと赤ちゃん言葉を使いがちです。

これについて、赤ちゃん側の個性にもよりますが、赤ちゃんたちの方は1人の人間として自分のことを扱ってほしいようです。

だから、バブバブ言葉などを使われると、ちょっとイラっとしたり、「赤ちゃん扱いしないで！」などと思ったりするようです。

赤ちゃんは、②でご紹介したように、ママになる人のパートナーや先生になるくらいの存在でもあるので、ついついその可愛さあまりに赤ちゃん扱いしてしまうのですが、もし、あなたの周囲に赤ちゃんがいたら、どうか、1人の人間として扱ってあげてくださいね。

赤ちゃんは顕在意識と潜在意識が1つのまま

妊娠期間中に気づいたことがあります。

心理学では潜在意識と顕在意識の関係について、日常の思考や行動を司《つかさど》る顕在意識とその顕在意識に影響を与えているのが無意識の領域の潜在意識といわれています。

そして、潜在意識が意識のほとんどを占めている、といわれています。

これについて私流に言い方を変えるなら、私たちは現実の世界で生きている時は顕在意識を主に使っていて、死んで魂だけの状態になったら潜在意識のみで生きる、と捉えています。

つまり、生きている時は魂の本質で生きることは難しく、ほとんどの人が世間の常識や社会のルール、両親や周囲の期待などに縛られて考え、行動してしまっている、ということです。

でも、死んで肉体がなくなった後は、もう自分の魂のありのままで存在することができるのです。

また、死んだら肉体という魂の器＝魂の壁もなくなるので、相手の思っていることなどもすぐにわかります。

逆に、この世界で肉体をまとって生きると、当然ですが、人間関係においても、相手が何を考えているのか、などはわかりません。

要するに、魂が肉体をまとって生きるということは、意識が顕在意識と潜在意識に分かれてしまうことでもあり、この2つの意識は一致しないので、人生が上手くいかないのです。

人は肉体を持つことで嘘《うそ》をつき、本音を言えずに自分の心を隠し、魂の本質を生きられないのです。

一方で、生まれてきたばかりの赤ちゃんは、ほぼ魂のままです。

つまり、誕生後は潜在意識と顕在意識がまだ分かれておらず、1つのままなのです。

けれども、成長しながら5歳になるくらいまでに、だんだん恐怖という感情を覚えてしまい、これがきっかけになって、大人になっても同じ感情を繰り返すようになってしまうのです。

例えば、私の場合、こんなエピソードがありました。

3歳の時に、保育園で他の園児たちと一緒に遊具待ちをしていました。皆で順番に遊具で遊んでいたのですが、あと1人で私の順番が来る、という時に先生がやってきて、遊具で遊ぶ時間は終わったのです。

その時、遊具で遊びたかった私の怒りはピークに達してしまい激怒してしまったのです。

その時から、成長過程において、私は「手に入りそうだったものが、あと少しで手に入らなかった時の怒り」のパターンを大人になるまで繰り返すようになったのです。

けれども、そのことに気づいた時、そのパターンは終わることになりました。

きっとどんな人にも、本人が気づいていなくても、その人なりの過去の出来事に起因する行動パターンやトラウマなどはあるはずです。

例えば、自分では幸せを望んでいるはずなのに幸せがやってこようとすると、その幸せを拒否してしまう、なども同じです。

このようなパターンは原因を見つけて根本的に解決をしない限り、どうしても繰り返してしまうのです。

それは、その原因になっている記憶を癒やしてあげるということ。

そして、「そんな過去があったからこそ、今の自分があり、その過去も含めて自分自身なんだ」、と思えるようになれば癒やしが起きて、もう同じことを繰り返さずにすむのです。

そのためにも、①自分のパターンの癖に気づき、その際に②感じることを受け入れるのです。

皆、自分の中にもう1人の自分がいるものです。そんな、もう1人の自分と手をつないで進めるようになると、過去は癒やされ、同じ出来事は繰り返さなくなります。たとえもし、またその出来事が起きたとしても、淡々とそれを乗り越えることができるはずです。

大事なことは、どれだけ否定的な感情であっても、そこから逃げずに思いきり感じきること。逃げれば逃げるほどつきまとってくるので、どっしりと受け入れてあげてくださいね。

私たちも生まれたての赤ちゃんのように顕在意識と潜在意識が1つのまま、生きていきたいものですね。

伊勢神宮で神様たちに歓迎される赤ちゃん

10月のある日、伊勢神宮を訪問したのですが、その時にこんなエピソードがありました。

おごそかな気持ちで参拝に集中していた私は、ふと、お腹の赤ちゃんのことを思い出したのです。

「そういえば、今、どうしているかな」と。

その瞬間に、私の中にあるビジョンが現れました。

それは、伊勢の神々さまが私の赤ちゃんを取り囲み、「ようこそ！」「よく来たね！」

と赤ちゃんを高く掲げて祝福しながら歓迎してくれていたのです。

それはまるで、目にみえない世界での出産前の誕生日会のような感じでした。

神様たちにもこの子は祝福されているんだ。

きっとこの世界に生まれてきた後は、神様たちの思いや願いをこの子なりの形で体現してくれるはずです。

そんなビジョンを見て、とても幸せな気持ちになりました。

赤ちゃんに叱咤激励される！

前項の「赤ちゃんから教えてもらったこと」の「②赤ちゃんは、ママになる人のパートナーやメンター」でも述べましたが、妊娠期間も後半になってくると、母と子の関係というより、本当にパートナーのような関係になってきました。

例えば、ある日のこと。

クライアントさんのセッションで少し体調不良でつらかった時、そんな状態で行っていたセッションの後に赤ちゃんがこんな声をかけてきました。

赤ちゃん　「さっきのセッション、やる気なかったでしょ？」

MOMO「そんなことないよ！」
赤ちゃん「上から見ていたら、こんな顔していたよ！　しっかりしなきゃね！」

と言って、ものすごい〝変顔〟を見せてきました。

こんなふうに、赤ちゃんは私に指導したり、アドバイスをしてきたりするので、なんとなくハイヤーセルフのようだな、と思ったりしました。

また、ある時は、私に〝酢飯〟ばかりを見せてきました。

これは、やはり「身体が疲れているから、お寿司など酢飯を食べた方がいいよ」、というアドバイスだったりもします。

親子だと普通なら親が子を育てるイメージですが、妊娠中は反対で、完全に赤ちゃんの方が私のことをリードしてくれる頼れる存在だったのです。

また、どの妊婦さんもそうだと思いますが、妊娠中は感情の起伏が激しくなります。

中でも、負の感情はそのまま身体の毒になり、身体を巡ってしまい、それが続くと不調の原因になるものです。

私も妊娠中に何度か負の感情に押しつぶされそうになった時、「そういえばこんな時、赤ちゃんはどうしているんだろう？」と思ったら、赤ちゃんは負の感情が自分のところに降りてこないように、手で頭上にバリアを張って防御していたのには驚きました。

当然ですが、妊婦さんだけでなく、誰もがネガティブな気持ちになる時があるはずです。

そんな時は、負の感情は身体の毒になる、ということを知っておくだけでもネガティブな気持ちから少しでも遠ざかることができるかもしれません。

また、何か問題があればきちんと向き合って問題を解決し、負の感情からできるだけはやく脱出することも大切です。

赤ちゃんの魂は出入りしている

「妊娠すると、いつの時点で赤ちゃんの魂が入るの？」

という質問がよくありますが、私の考えでは、赤ちゃんの魂はお腹の中にいたり、上の世界に戻っていったりと、出たり入ったりを繰り返しているようです。

例えば、赤ちゃんはお母さんのお腹を蹴ることがよくあります。

その時、赤ちゃんが元気に何かを主張しているように見えますが、実は、ただ自動運転のように身体を動かしているだけの時もあります。

つまり、生物的にただ動いているだけであり、その時には魂は入っていなかったりするのです。

でも、お母さんが赤ちゃんに意識を向けた途端に、赤ちゃんの魂はお腹の中に入ってくるのです。

そして、お母さんになる人とコミュニケーションを取ったりするのです。

実は、赤ちゃんの魂もずっとお腹の中で閉じ込められているわけではなく、お母さんが意識を自分に向けていない時には、魂は自由にのびのびと多次元を飛び回っていたりするのです。

赤ちゃん側もそんなオンとオフのスイッチで、ストレスのない過ごし方をしているようです。

さて、妊娠も7か月になる秋になった頃、助産院の先生から赤ちゃんは男の子であることを知らされました。

これまでのやりとりで、我が子はとても個性が強い子だったので、「やっぱり男の子だったんだ！」と思いました。

名前は、赤ちゃんの方から「輝」という字をつけてほしい、というメッセージを受けていたので、「輝」という文字を用いた名前を検討することにしました。

CHAPTER 3

出産前対談

池川明先生 × MOMO

出産前対談
with
池川明先生

お母さんは出産という一大イベントの総監督！身体の臓器たちとコミュニケーションを取ることができれば、スムーズな出産も可能になる

ゲスト　池川明

産婦人科医・医学博士、1954年生まれ。日本における「胎内記憶」領域の第一人者として、これまで数々の研究論文・書籍の執筆や、新聞・映画等のメディアへの出演を続けてきた。2013年から上映されている映画『かみさまとのやくそく』では主演を務め、現在までの観客動員数は31万人にのぼる。1989年に横浜市に産婦人科 池川クリニックを開設し、現在まで数多くの出産を扱ってきた。現在では胎内記憶を世界に広める活動を中心に展開している。著作は『胎内記憶が教えてくれた　この世に生まれてきた大切な理由』（青春出版社）など多数。

CHAPTER 3
出産前対談
池川明先生×MOMO

よろしくね！ お腹の中に入ったよ！

池川　まず、最初の質問ですが、もともと、MOMOちゃんは霊などが見える人だよね？　そういう意味において、基本的に、赤ちゃんという存在は、お母さんが妊娠する前には霊体そのものだったりするわけだけれど、MOMOちゃんと赤ちゃんとのコミュニケーションは、妊娠する前からもう取れていたの？　それとも、妊娠した後でやりとりがはじまったのかな。そのあたりから、聞いてみたいね。

MOMO　妊娠がわかってからコンタクトがはじまったという感じですね。

池川　そうなんだ！　それは、赤ちゃんと会話をしようと思ったら話せたということ？　それとも、向こうから声をかけてきた感じ？

MOMO　「赤ちゃんがお腹にいるんだ！」と、意識をしはじめた頃からですね。

池川　最初は、どんなやりとりだったの？

MOMO　赤ちゃんから、「よろしくね！　お腹の中に入ったよ！」みたいな感じだったかな。

池川　ははは（笑）。それはいいね！　まずは、挨拶からきたわけね！

MOMO　そうなんです（笑）。実は、妊娠する1年前くらいから子どもが欲しくなって、Oリングテスト*で時期を調べてもらったことがあるんですが、その時、「来年の6月頃に妊娠が発覚する」、みたいなことを言われていたんです。そして、その時期になったら、少し体調がおかしくなったので、調べてみたら、本当に

CHAPTER 3
出産前対談
池川明先生×MOMO

妊娠していたんです。

池川　へー、そうだったんだ。Oリングで言われた通りになったというわけなんだね。ちなみに出産予定日はいつ？

MOMO　2024年の1月26日です。

池川　ということは、今は31週くらい（対談日は2023年11月29日）ですかね？

MOMO　はい、その通りですね。

池川　そうすると、赤ちゃんがコンタクトを取ってきたのは妊娠3か月くらいということになる？

MOMO　そうですね。

*Oリングテスト
指でオーの形のリングを作るだけで、自分の病気や薬の適合性などを診断する診断方法。

自由に生きる自立した子どもが欲しい！

池川　ちなみに、どんな赤ちゃんがいいとか事前に神様に、というか天にオーダーしていたんですか？

MOMO　はい、しました。私は、あんまりこまめに赤ちゃんのお世話をできないかもしれないと思って……。やっぱり、自分の時間が必要で、自分の好きなようにも生きたいから。できたら、あんまり手間がかからないような子がいいな、と。あと、子どもの性格も、自分で好きなように生きられる子がいいなと思っていました。

池川　なるほど。お母さんを頼らずに自立できる子ということね。

MOMO　そう、そうです。あと、誰もがそう願うと思うんですが、顔はやっぱり女の子なら可愛くて、男の子ならカッコいい子がいいなと。

池川　それはそうだよね。MOMOちゃんの子どもは、顔はお母さん似？　それとも、お父さん似になりそう？

MOMO　まだ、何ともいえないですね（笑）。でも、そういえば、8月くらいに、自分の顔やスタイルをワクワクしながら決めたみたいです。まるでゲームのアバターを決めるように（笑）。自分で顔やスタイルの雰囲気を4つのパターンくらい用意したみたいで、そこから1つを選んだみたいです。

池川　そうなんだ。それは面白いね。では、性格とかキャラクターなどはどう？　最初から本人が決めているのか、それとも、後で自然についてくるものなの？

MOMO　本人いわく、「ある程度の気質は決めている」って言っていました。

池川　なるほどね。実は、私の方で患者さんの〝お産のプロセス〟を見ているとわかることがあってね。それは、お産のプロセスと赤ちゃんの生まれた後の性格とがよく似ているということ。どういうことかと言うと、例えば、お母さんの陣痛がかなりゆっくりで、なかなか生まれないな～と思っていて、かなり時間をかけてやっと生まれてくるような子は、少し大きくなって学校に行きはじめると、やっぱりのんびりした子に成長しているんだよね。夏休みの宿題をするのもゆっくりで、学校がはじまる直前の最後の最後にやっと仕上げる、みたいな子が多かったりするんです。

MOMO　そうなんですか。面白いですね。

池川　そう。そして反対に、お母さんの陣痛が来るのがとても早くて、でも、なぜか、突然あるとき陣痛が止まってしまって、最終的にこちらが帝王切開や吸引分娩《ぶんべん》などをして手伝うことで生まれてきたような子の場合。そんな子は、少し大きくなって学校へ行きはじめると、学校の宿題などは、最初は勢いよくやるんだけれど、最後のもう一押しが自分でできないの。だから、宿題を仕上げるには誰かのお手伝いが必要、みたいな子がいたりするんだよね。だから、人間のキャラクターや性格などはどこの時点で決まるのかな、って思っていたわけ。

ピカピカ光って皆を引っ張っていくよ！

MOMO　なるほどですね。私の場合、妊娠6か月くらいには赤ちゃん本人が「自分がピカピカと光ることで、皆に影響を与えていくつもりだよ！」みたいなことを言っていましたね。

池川　ピカピカ光る？

MOMO　そうです。たぶん、自分が輝くことで皆を輝かせる、皆を明るくする、みたいな感じのようです。あと、「自分が流れ星のようになって、皆を引っ張っていくから！」みたいなことも言っていました。

池川　それは、とてもユニークな子になりそうで楽しみだね。ちなみに、これはMOMOちゃん自身が生まれる前のこととして、記憶があるのではないかなと思うんだけれど、生まれる前に見ていた世界ってモノクロだった？　それともカラーだった？　私の知っている人は、生まれる前はモノクロで、生まれた後はカラーで、自分の見ている世界はとても美しかったと言っていましたね。とにかく、この世界を見ているだけでとても幸せだったそうです。

MOMO　私の場合は、色がついていました！

池川　なるほど。じゃあ、生まれる前と後では見える世界はそこまで変わらなかったということだね。

MOMO　はい。でも、そういうことも、もしかして出身星によるのかもしれないですね。

池川　そうすると、MOMOちゃんの赤ちゃんはどこの星出身なんですか?

MOMO　それは、まだ聞いていないですね。

池川　最近は、地球での輪廻転生を繰り返した魂ではなくて、他の星からきたという魂、いわゆるスターシードと呼ばれる人たちが多いんですよね。もしよかったら、今度、赤ちゃんにどこの星から来たか聞いてみてもらえます?

MOMO　わかりました!

池川　あと、聞くところによると、MOMOちゃんのお母さんとMOMOちゃん、そして赤ちゃんという3世代としてもつながりがあるという話だよね。そのあたりも、どんなつながりなのか本当は聞いてみたいよね。

MOMO　それが、そこはなかなか教えてくれないんですよ。

池川　そうなんだ。そこの部分は言ってはいけないのかもしれないね。

MOMO　たぶん、そうかもしれないです。

出産は身体の臓器たちが協力して臨むチーム戦

CHAPTER 3

出産前対談

池川明先生×MOMO

池川　実は今、私の方でもお母さん方に妊娠中から赤ちゃんとのコミュニケーションを取ってもらおう、という働きかけをしているんですね。そうするにあたって、MOMOちゃんのように、みえない世界と通じているような人ではない、普通のお母さんでも赤ちゃんとやりとりするためのヒントみたいなものはある？

MOMO　そうですね。実は、私にとってみれば、赤ちゃんとの対話も亡くなった人としゃべるのと同じ感覚なんですね。やっぱり、どちらも意識体なので。だから、お母さんとして、そこに赤ちゃんが〝いる〟ってイメージすればいいんだと思います。最初は想像上でもいいから、赤ちゃんに話しかけてみるところからはじめるといいかもしれません。そうすると、実際にコミュニケーションが取れていたりするものなんですよ。

池川　なるほどね。例えば、子どもって急に常識では考えられないことなどを話しはじめたりするじゃない？　あるお母さんが、「今日、うちの子がヘンなことを言い出して……」と言って教えてくれたんだけれど、その子はお腹の中にいる時、絵本を読んで遊んでいた、と言うらしいんです。でも、お母さんとしては、つい先日、実際に子どもに絵本を読んで聞かせてあげていたので、そのことを言っているんじゃないかと思っているわけ。でも、私は子どもたちがお腹の中にいる時におもちゃで遊んでいたりする話などをよく聞いているので、私としては「その子は、本当にお腹の中で絵本を読んでいたんだと思いますよ」と答えたの。やっぱり、大人が子どもの言うことを自分の常識で勝手にジャッジしてしまうのもどうかと思って。一応、子どもの言うことはそっくりそのまま受け取った方がいいんじゃないかな、とも思うわけです。とりあえず、否定はしない、というスタンスですね。これについて、MOMOちゃんはどう思う？

MOMO　はい、私もその考え方に賛成です。赤ちゃんは、たまにとんでもないことを言ってくるものですから（笑）。

池川　そうだよね。あからさまに赤ちゃんが言うことを否定するのはよくないよね。私が制作に参加したドキュメンタリー映画の『かみさまとのやくそく〜あなたは親を選んで生まれてきた』に出演していたココちゃんという小さいお子さんがいるんだけれど、今、もう高校生になったんですね。普通、生まれてくる赤ちゃんは、誕生の際に産道を通ってくる時に苦しかったたっていう子が多いんですが、ココちゃんいわく、自分の場合はラクだったたと言うわけ。なぜかと言うと、「お母さんが自分の身体を監督していたから」ということらしいの。つまり、お母さんにとっては、赤ちゃんだけでなく、子宮、胎盤、へその緒である臍帯《さいたい》などすべてのもの皆で1つのチームであるということ。そして、身体のすべての部位や臓器などの監督をしているのがお母さんである、と。だから、ココちゃんは出産の際に、チームの皆に声をかけたそうです。「お母さんに怒られないように、皆で頑張ろうぜ！」って。そして、皆も協力してくれたので、お産自体がとてもラクだった、と言っていました。MOMOちゃんは、こういう話をどう思う？　要するに、「お産とは赤ちゃんを含む身体の臓器たちの皆とのチーム戦であり、お母さんである監督の指示に従って皆が動く」という説です。

MOMO　それは、面白い考え方ですね！　でも、私も絶対そうだと思います！

身体の声を聞くことでスムーズな出産を迎えられる

池川　そうでしょ？　他にも、例えばね、妊娠中に胎盤が子宮壁から早く剥がれてしまう「常位胎盤早期剥離《はくり》」や剥がれない「癒着胎盤」という状態が起きることがあります。日本で、年間約70万〜80万人いる妊婦さんのうち、30〜40人ほどが悲しいことに亡くなってしまうのですが、実はその2割は、この胎盤が原因なんですね。ということは、もし、胎盤にも「もう少し頑張って！」って声をかけてあげていれば、そんなことも防げるのかなと思ったわけ。

MOMO　それはいい対策かもしれませんね。実は、身体の臓器って、その身体の主の心の声や実際にしゃべっている声などをきちんと聞いているし、臓器にも感情があるんです。

池川　そうだよね！　じゃあ、例えば、肝臓の感情なんかもわかるということ？

MOMO　はい、そうですね。私は身体の臓器たちがしゃべるのがわかりますよ。

池川　それはすごいね。他にも、こんなことがあってね。赤ちゃんが赤ちゃんと胎盤をつないでいる臍帯でぐるぐる巻きにされることがあるんだけれどね。そうなると、出産の時に、出てくるのが苦しいじゃないですか。だから私は、出産を迎えるお母さんに「臍帯に赤ちゃんにあまり巻き付かないでねと言ってね」、と伝えるんですよ。だから、MOMOちゃんもお産の時に、MOMOちゃんが自分の身体の監督になって、それぞれの臓器たちに指示を出してみてもらえますか？

MOMO　はい、わかりました。やってみますね！

池川　ぜひ、よろしくお願いいたします。あと、妊娠中にストレスがある人は子宮が張ることがあってね。だから、赤ちゃんが早く生まれてくることになったりするわけ。でも、逆にリラックスしすぎてしまうと、今度は陣痛が起きないんですね。だから、一番いいのは、予定日近くに来たら、子宮に「きちんと張るんだよ！」と伝えるんだけれど、それまでは逆に、「ゆっくり休んでいてね」と伝えておくとその通りになるんじゃないかなと思っているんですけどね。

MOMO　なるほどですね。私もそう言ってみます。

池川　あと、子宮の出口が妊娠中に広がると早産になっちゃうんです。だから、時期がやってくるまではしっかり閉じていてもらいたいんだけれど、時期がきたら逆に、閉じたままだと生まれないんですね。だから、陣痛がきたと思ったら、「子宮さん、さあっ〜と開いてね」、みたいなことを言っておくと、上手くいけば問題なく数時間で出産できると思うんだよね。

MOMO　わかりました！　それも、やってみますね！

母親のストレスをお腹の中でブロック!?

池川　ぜひ、お願いしますね。あと、羊水にも話しかけてほしいの。実は、羊水って1日に2回くらい入れ替わるほどダイナミックに動いているものなのね。何しろ、赤ちゃんの8割は水でできているから、羊水がキレイだと、赤ちゃんもキレイということになるわけ。これはある子どもに聞いたんだけれど、お母さんにストレスがあったり、感情的になって怒ったり、悲しんだりしている場合、また、食事の栄養のバランスが悪い場合などにも羊水が濁ってくるらしいのね。だから、赤ちゃんがなんとか羊水をキレイにしようとして、一生懸命に羊水を飲み込むんだって。でも、飲み込んでも飲み込んでも、お母さんが汚してしまうから、このままいたら自分は死んでしまうと思って、早産で出てきた、という子もいるのね。だから、羊水にも話しかけてほしい。「羊水さん。いつも、キラキラでキレイでいてね！」って言ってほしいね。そうすれば、赤ちゃんもキレイなままでいられるかなって思っているんだよね。

MOMO　そうなんですね。羊水にも話しかけてみますね！　今、私の羊水はちょっと濁っているような気がするから。

池川　それはストレスのせい？　それとも、食べ物のせい？

MOMO　食べ物の影響だと思います。そういえば、少し前にかなりストレスを感じていた時期もあったんです。その時に、「赤ちゃん、どうしているかな？」ってふと思って赤ちゃんに意識を合わせてみたら、赤ちゃんの方が私のストレスが自分の方に降りてこないようにと手を上に上げて防御するようなポーズを取っていましたね。

池川　そうなんだ。自分にストレスが降りかからないように自分を守っていたんだ、面白いね。バリアを張っているみたいだね。えらい子だね。すばらしい！

MOMO　ちゃんとわかっているみたいです（笑）。

赤ちゃんたちは出産にあたって講習会を受ける!?

池川　他に、普通の妊婦さんではわからないような赤ちゃんとのやりとりとかある？

MOMO　そうですね。そういえば、赤ちゃんたちは生まれてくる前に、上の方でこちらの世界へやってくるための〝講習会〟を受けるって言っていました。

池川　え⁉　それはどういうこと？　赤ちゃんたちへのお産の講習会みたいなもの？

ＭＯＭＯ　そうそう。自分がどういうふうに生まれていくのか、みたいなことを教室みたいなところで教えてもらうそうです。

池川　へえ。その場所へは、赤ちゃんがお腹の中から出て上の世界へ聞きに行くっていうこと？

ＭＯＭＯ　そうみたいです。

池川　それは、すべての赤ちゃんがそうなの？

ＭＯＭＯ　うーん、そこはよくわかりませんが、私の赤ちゃんいわく、その講習会にはお母さんが妊娠6か月くらいから参加するって言っていました。その講習会で、へその緒が首に巻き付いたりした場合の対策みたいなことも教わるらしいですね。

池川　へえ〜。いろいろなケースごとに対策なんかを教えてもらうというわけなんだ。

MOMO　そうみたいです。

池川　そんな勉強会があるんだね、面白い！　不思議なことに、赤ちゃんたちって皆、〝こちらに生まれてくる方法〟みたいなことを自然に知っているんだよね。例えば、産道では頭を回転させて出てくる、とかね。他にも、へその緒が自分の身体に巻き付いている場合は、すぐに出てこようとすると赤ちゃんも苦しくなるから、陣痛をゆっくりゆっくり起こすんですね。そして、「ここだ！」というタイミングでポン！って出てくるんだよね。つまり、生まれてくる方法をきちんと理解しているんだよね。

MOMO　そうなんですね。そんなことも勉強会で学んでいるのかもですね。

池川　そうかもしれない。でも、誰が赤ちゃんたちにそんなことを教えているんだろうね。

ＭＯＭＯ　なんか、神様というより、どちらかと言うと仙人風なおじさんみたいな存在が教えているらしいです。

池川　へ〜。そうなんだ！　ＭＯＭＯちゃんの赤ちゃんはもう勉強はし終わったの？

ＭＯＭＯ　私の赤ちゃんは、まだ勉強しているみたいですね。

CHAPTER 3
出産前対談
池川明先生×MOMO

妊娠中だって食べたいものを食べてもいい

池川　なるほどね。その話は、初めて聞きました！　ところで、お母さんが無事に出産をするために、赤ちゃんからお母さんに何か伝えることはあったりする？　例えば、「こんなこと、注意してね！」みたいなこと。

MOMO　そうですね。いろいろな形で気づきを与えてくれていますね。私の場合は、妊娠中の食事などは、「そこまで神経質にならずに、自分が食べたいものを食べてほしい」、みたいなことを言ってきました。赤ちゃんからあんまりストレスはかけないでね、という感覚が伝わってきました。

池川　なるほど。そういうことが、頭にポン！って浮かんでくる感じで赤ちゃんから伝わってくるのね？

MOMO　そう、そういう感じです。

池川　例えば、MOMOちゃんが食べたいものがある時は、「これは、赤ちゃんが食べたいものなの？」って聞いてみたことはある？

MOMO　はい、聞いてみたことあります。やはり、赤ちゃんが食べたいものみたいです。私なんかは、1週間くらいずっと続けて小籠包《しょうろんぽう》が食べたい時期がありました。

池川　そうなんだ。では、食べ物以外に、お母さんが着る服の色とか、見るテレビの番組とか、そういうことはどうなんだろう？

MOMO　着る服は何がいい、みたいなことは全然、何も言ってこないですね。でも、食べ物にはちょっとうるさいです。

池川　なるほど、そうなんですね。食べ物と言えば、実は、妊婦さんはマクドナルドのフライドポテトを食べる人が意外と多いんですよ。本来なら、ジャンクフードは身体にはあまりよくなさそうでしょ？　ＭＯＭＯちゃんの場合はどうなの？

ＭＯＭＯ　私はフライドポテトというより、チキンナゲットを食べたくなりましたね（笑）。

池川　私が聞いた話によると、赤ちゃんが空の上から「あれが食べたい！」って思って、マックのフライドポテトを食べてくれるお母さんを探した、と言っていたというケースがありましたね。そんなことってあるのかな？

ＭＯＭＯ　あるかもしれないですね（笑）。

池川　普通だったら、妊婦さんならジャンクフードを食べたいからといって食べてしまった場合、やっぱりちょっと罪悪感を持つんだよね。でも、罪悪感は持たなくてもいいんじゃないかと思うんだ。

MOMO　私もそう思います。罪悪感の方が身体には毒になると思いますね。

池川　そうだよね。確かに、フライドポテトは身体には悪いかもしれないけれど、楽しく美味しく食べられればいいんだよね。

MOMO　はい、絶対、そっちの方がいいです！　それに、もし、添加物がたくさん入っている食事だったとしても、自分の意識でその食事をキレイにすることができるんですよ。

池川　それはいいね。それは妊婦さんだけじゃなくて、すべての人が食事をする場合でも同じだよね。

MOMO　はい、もちろんそうです！

食品添加物も自分の意識でキレイにできる！

池川　最近は、お母さんたちが添加物が入っているような食事を子どもに食べさせないよね。あと、電磁波なんかにも気をつけるようになっている。でも、子どもの方が「お母さん、僕たち、そういうのは大丈夫なんだよ！」って言ったりするの。要するに、添加物なんかは自分たちのチカラで除去できるみたいなの。でも、お母さんがこういうことに神経質になっているので、子どもの方も一応、気を遣って添加物などには注意しているふりはしている、という子もいるんだよね。最近の子たちは、自分たちの意識でそんなこともできるんだね。MOMOちゃんの場合は、どういうふうにわかったの？

MOMO　私の場合は、夢で見ましたね。いろいろな知識を夢で教えてもらっているんですよ。

池川　へー、夢で見たんだ！　どんなふうに教わったの？

MOMO　例えば、添加物が入っている食事をキレイにする場合は、そのような食事が目の前にあるなら、「わー、いやだ！」などという反応をすると、その食事の添加物が余計に2倍に働いたりすることもあるらしいです。だから、そんなふうにネガティブな意識にならないようにした方がいいみたい。それよりも、たとえその食事に添加物が入っていたとしても、食事がいただけるということに感謝をするんです。例えば、その食事が自分のお金で買えたことへの感謝とか、その食事が販売されるまでのプロセスにたくさんの人が関わってくれていたことなどに感謝を捧げていただくことで、添加物はもう身体に悪く働かなくなるようです。あと、もう1つ、食事の前に「私の身体に害になるものは、ここで抜けてください！　栄養になるものだけが私の身体に入ってきます」って宣言するのもいいみたい。そんなことも教わりました。

池川　なるほどね。それは妊婦さんだけじゃなくて、誰もができることだよね。

MOMO　はい。そして、そんな意識を日々の生活の中で習慣づけていると、もう、それが自然に起きるようになるんです。つまり、食事を手に持つだけで添加物が抜けていく、という感じでしょうか。今、私はそれができるようになりましたよ。

池川　ほ〜。それはすごいね。イメージの力は絶大だね。

MOMO　そうですね。でも、そんなことも人それぞれではあるみたいですね。例えば、その子がこの地球に生まれてきた理由次第で、添加物を除去できたり、できなかったり、という違いもあるようです。特に、「地球の役に立ちたい！　人々の役に立ちたい！」と決意してやってきているような子は、何でも自分でコントロールできる力があるようです。一方で、「今度の人生では、何でも楽しむぞ！」というような子は、パワーが及ぶ部分と及ばない部分もあるみたいです。だから、母親になる人の方も同様に、それぞれ自分の役割によって何ができる、できない、ということなども違うのかもしれませんね。

池川　なるほどね。人それぞれというわけだ。とにかく、スーパー・ベイビーだったら、いろいろなことができるんだね。お母さんは、子どもに生まれてきた役割なんかを聞くことができればいいよね。

生まれる前の世界は汚れのないクリーンな世界

池川　では、ちょっとここで、妊婦さんと赤ちゃんに関するテーマからはずれてしまうんだけれど……。ちょっと聞きたいことがあるんですが、いいですか？　今、スピリチュアルの世界では、これからの未来には、〝弥勒《みろく》の世（現世浄土である苦しみのない理想の世界）〟が訪れるという説もありますね。これについて、人によっては、今すでにもう弥勒の世が訪れている、という人もいるよね。でも、この間、ある人から聞いたんだけれども、「弥勒さまが地上に降りてきて皆を救うなんていうことはない」って言うわけです。弥勒さまとは、サンスクリット語でマイトレーヤーと言うんだけれど、意味は「慈しみ」なんです。だから弥勒の世、というのは人々が慈しみの心を持って暮らすこと、それが弥勒の世になるということらしいのだけれども、この考え方についてどう思いますか？

MOMO　そうですね……。確かに、実際に弥勒さまが地上に降りてくるというわけではないですからね。

池川　人間って、「弥勒さまが降りてくる」と思うと、弥勒さまに頼ろうとして、自分では何もしなくなりそうじゃない？　そういう考え方だと弥勒の世にならないと思うんだよね。それよりも、一人ひとりが慈しみの心を持つことで弥勒の世につながるのかなと思うんだけれど。

CHAPTER 3

出産前対談
池川明先生×MOMO

MOMO　はい、私もそう思います。

池川　そうだよね。ということは、一人ひとりが弥勒の心を持つ「全人類弥勒化計画」でもやるといいかもね（笑）。そこで、質問なんだけれどね、人が生まれる前の世界って、果たして慈しみだけの世界なのかな？　それとも、そうでもないのかな？　この3次元で生きている人間のように、ドロドロしたものとかあるのかなと思って。

MOMO　私が思うに、人が死んだ後に行く世界ではドロドロしたものはあるかもしれないけれど、生まれる前の世界には、そのようなものはないように感じますね。

池川　そうすると、人が生まれる前と死んだ後にいる場所は違うということ？

MOMO　はい、違う場所だと思いますね。人は死んだ後に魂の修行をすることで、ドロドロしたものは浄化されると思います。だいたい、魂は死後、80年から150

年くらい間を空けて転生をするので。

池川　そうなんだ。その間に前回の人生における汚れを落とすということなのね。

MOMO　はい、そうですね。

池川　でも、中には、生まれ変わりの期間がすごく短い人もいるよね？

MOMO　はい、いますよ。人は最短で、死後1時間以内に生まれ変わるためにお腹の中に入ることができるんです。

池川　へえ！　最短コースの人はそんなに短いの⁉　そうすると、亡くなった人のお葬式をしている頃にはその魂はもうお腹の中に入っているというわけだね？

MOMO　そういうことになりますね。でも、そういうケースはとても珍しいです。

池川　よく、おじいちゃんが亡くなった後、生まれた孫がおじいちゃんの生まれ変わりだ、みたいな話はよくあるけれどね。そういうことは、実際にもあり得るわけですね。

MOMO　はい、よくありますね。

感情とつながる臓器と仲良くなっておく

池川　とにかく、MOMOちゃんの方は出産まであと2か月ということで、ぜひ、出産まで赤ちゃんとコミュニケーションを取りながら無事に出産を迎えてほしいと思います。最近は全体的に、妊娠中のお母さんが赤ちゃんと話をする、というのが少しずつ増えてきたのはいい傾向だと思いますね。少し昔までは、妊婦さんに「赤ちゃんとお話をしてみてね！」と言っても「何を話せばいいかわかりません」とか「どうやって話せばいいんですか？」みたいな人が多かったんだけれどね。そして、少し前までは、話をすると言っても「元気に生まれてきてね！」とかお母さんから一方的に赤ちゃんに声かけをするだけだったんだけれど、ここ最近は、きちんと双方でのコミュニケーションができるようになった人も多くなったんですね。

だから、私としては、その次のステップとして、先ほども話に出たけれども「赤ちゃんだけじゃなくて、身体の臓器とも話してね」、と伝えるようにしているんですね。やはり、お母さんの意志と違う動きをしてしまう臓器も多いからね。野球に例えると、監督の言うことを聞かないピッチャーみたいな感じかな。あと、監督がバッターにバントをやってほしいのに、そのバッターは監督の言うことを聞かずにホームランを狙っていたりしてね。そういう選手たちがいると、試合の結果もぐだぐだになってしまうからね。

MOMO　なるほどですね。先ほども話に出ましたが、臓器は特に感情とつながっていますからね。私にも臓器が訴えかけてくることもありますから。だからぜひ、妊婦さんも、妊婦さんでない方も自分の臓器に意識を向けてほしいなと思っています。また、それぞれの臓器がどんな働きをするかなども、知っておくといいと思います。例えば、私はお風呂に入ったときに自分の臓器の1つ1つに「ありがとう」と伝えています。そしたら、臓器たちが笑って返事をしてくれる感覚が戻ってきますよ。また、身体の外側の皮膚にもちゃんと「ありがとう」を伝えてあげてほしいです。ある人が、「身体の各臓器に感謝を伝えているのに、顔の湿疹が消えないのはなぜ？」と質問してきました。実はその方は、皮膚にだけ「ありがとう」を伝えていなかったんですね。そのことを伝えてあげたら、顔の湿疹が治った人もいました。

池川　それは面白いね。後は、お産を迎える際には、お母さんの方も子宮、卵巣などの働きを知っておいていただけるとこちらもありがたい。そんなことに知識がない人も多いからね。実際には、ドクターの側も産婦人科医以外は子宮や卵巣なんかにはあまり興味がないし、詳しいことは知らない人だって多いんだよね。

でも、やっぱりお産をする本人は、きちんと子宮や卵巣などの働きや仕組みをわかっていた方がいいよね。

MOMO　はい、そう思いますね。

池川　基本的に、卵巣や子宮は赤ちゃんを作るためにある臓器と言っても過言ではないですよね。私がよく講演なんかで話していることがあってね。それは、女性たちは初潮が来ると赤ちゃんを作ることができる身体になったということでもあると。だから、ボーイフレンドとか素敵な彼ができたらワクワクするでしょ？と。でも、まだ出産は早すぎるとか、相手に避妊をしろと言われたからといって、いつまで経っても子宮の出番がないまま年月を過ごしてしまうことも多い。でも、仕事に就いて仕事を頑張って、40歳近くになった頃に、ふと「子どもが欲しいな……」と思う人も多い。そして、単純にセックスをすれば子どもができると思っている。でも、そういうわけでもないし、子宮からすれば「どうして？　今更？」って思ったりするんじゃないのかな、ってね。子宮の方は「これまで毎月毎月、月経で子宮をきれいにして整えてきたのに！」って文句を言う子宮だっていると思うの。やっぱり、赤ちゃんが欲しくなったら、まずは子宮に挨拶をしなきゃいけないんじゃないの？　って思うわけ。

MOMO　なるほど。突然、自分の身体に対して、〝監督〟にはなれないわけですよね。

池川　そう。監督になる練習も必要だからね。だから、普段から臓器と仲良くなっておく必要はあるだろうね。それに、やっぱり、普通の人には臓器の声は聞こえないわけだしね。それでも、臓器の声や気持ちをわかろうとするだけでも、臓器の方もうれしいし、応えてあげたいと思ってくれるんじゃないかなと思う。だからまずは、「私の気持ちを○○（臓器名）に訴えたら、○○は聞いてくれるかな？」と思うところからはじめてほしいね。

臓器たちが皆で歌い、メロディを奏でる!?

MOMO　はい、いいと思います。きっと、臓器の方も喜びますよ。実は、臓器って喜ぶと歌を歌うんですよ！　すべての臓器が一緒に喜ぶことはないですけれどね。性格がそれぞれ違うので。たまに、合唱をしていることがありますよ！

池川　合唱!?　それは面白いね！

MOMO　そう。なんていうか、臓器たちが皆で「ありがとう！」という音色で歌ってくれるんです。

池川　へ～！　そういえば、アフリカのある村のある部族の話なんだけれどね。彼らは、赤ちゃんが欲しくなったら、ある樹木の下で祈りを捧げるらしいんだ。そうすると、〝赤ちゃんの音楽〟というのが天から降り注いでくるらしいの。だから、その村では村人たちが皆、それぞれが自分の〝曲〟を持っているんですって。そして、願いが叶って赤ちゃんが生まれたり、その子に何かお祝いをしたりするときには、皆でその子の歌を歌ってあげるんですって。

MOMO　素敵なお話ですね！

池川　つまり、1つ1つの臓器は、それぞれの波動を奏でていたとしても、それらが一緒に合わさったときにその人だけのメロディというか曲になるのかもしれないね。

MOMO　なるほどですね。

池川　考えてみれば、日本では年間80万人ほどお産する人がいて、ここで話してきたようなことを実践できる人、また、信じられる人はそのうちの1パーセントくらいなんですね。つまり、人数にして８０００人くらい。そんな彼らのほとんどが病院ではなくて、助産院で出産をする人たちですね。病院で出産をする人たちは無痛分娩ですからね。無痛分娩だと、お母さんは赤ちゃんにはほとんど意識がいっていなくて、自分の方だけに意識がいっていると思います。でも、赤ちゃんと意識を通わせられるようになると、そもそも無痛分娩という発想が出てこないと思うんです。本来なら、子宮が痛くならないように指示を出せば、そうなるわけなので。痛いって思うから、子宮も痛くなるんだよね。助産院で出産する方は、ラクな出産をする人が多くて、「もう、気持ちよかった〜」って言う人なんかも多いんですよ。だから、本来なら、お母さんが出産の時に子宮などにも指示を出せるのに、そのことを知らないから、病院へ行ってお母さんたちの監督を先生たちがやってしまうんだよね。「痛いのがいやなら、無痛分娩にしましょう」ってね。もちろん、無痛分娩も悪いわけじゃないけれど、何も知らずにそうなってしまうのはどうかなと思うわけです。

ＭＯＭＯ　その通りですね。実は、私も助産院で出産するんですよ。助産院でお産をした人のお話を聞いたのですが、「気持ちがよかった！」という人が確かにいらっしゃいました。あと、陣痛をもっと粘りたかった、と言う人もいたりしましたね。42歳の方で4人目を出産された方なんかもいました。

池川　なるほどね。不思議なことに、出産したばかりなのに、すぐに「また、もう1人産みたい」って言う人もいるんだよね。そういう人たちだと、まず、無痛分娩とかは考えないんだよね。

MOMO　そのようですね。あと、赤ちゃんたちの方も、「もっと命が誕生する瞬間を大切にしてほしい」と言っていましたね。

池川　やっぱりね。赤ちゃんたちにとっても、その〝場〟を大事にして、と思うんだよね。では、そのためには、どういうふうにすればいいと思う？

MOMO　出産というイベント自体をもっと大切に考える、という感じでしょうか。上の世界では、赤ちゃんがこちらにくる時に〝送別会〟みたいなものがあるんですよ。上の世界の皆と別れる時に寂しい思いをしてまでこちらにくるので、もっと祝福してほしい、という感じかな。

池川　そうなんだ。じゃあ、こちらでは歓迎会というか、ウェルカム・パーティーみたいな感じで迎えてほしい、ということね。アメリカなんかでは、実際に出産前の妊婦さんを家族や友人、ご近所さんなんかで集まって、「ベビーシャワー」と呼ばれるパーティーでお祝いしますよね。やはり、皆で喜んでもらって出産を祝福する、というのがいいんだろうね。ぜひ、赤ちゃんたちのために実現してあげたいね。

MOMO　はい、そうですね。それに、出産に対して痛いというイメージを持たれていたら、赤ちゃんの方も生まれにくいみたいです。

池川　実際に、赤ちゃんたちも皆、大変な思いをして生まれてくるからね。でも、彼らはそんなことも嫌だとは思わないんだよね。「お母さんと会えてうれしかった」とか、「こちらに来ることができてほっとした」と言う子はいるけれど、「こちらに来るのがつらくて嫌だった」とは言わない。でも、生まれてきた後に、お医者さんに雑に扱われて、「お医者さんを殴ろうと思った！」っていう子はいたね。でも、気がついたら、まだ自分の手が小さいし、動かなかった、みたいな。

MOMO　え～（笑）、そうなんですか！　それは、驚きですね！

赤ちゃんの意志を確認して尊重しよう

池川　赤ちゃんって生まれる前は身体が自由に動くんです。でも、生まれた後は身体が動かない、って言いますね。自分で自分のことを動かせるまで時間がかかるらしいんです。だから、なんだか自分自身もトーンダウンしちゃう、みたいな子が多いみたい。あと、助産師さんは、赤ちゃんが生まれたらすぐにお母さんのおっぱいの所に赤ちゃんを連れていくんだけれど、赤ちゃんとしてはまだ飲めないのです。その時のことを憶えている子がいて、「めちゃめちゃ屈辱的だった！」「僕は家畜じゃないんだ！」って言っていたの。実際には、赤ちゃんはお母さんのおっぱいが吸えるようになるまで少し時間がかかるわけ。それをちゃんと自分に聞いてからやってほしい、と言っていました。赤ちゃんにも感情があるからね。

特に、赤ちゃんがなかなか出てこない場合、吸引カップを赤ちゃんの頭につけて、吸引圧をかけて赤ちゃんの身体全体を引っ張り出す「吸引分娩」を赤ちゃんに事前に聞かずに行うと、めちゃめちゃ怒りますよ。「このやろー！」なんて、睨《にら》みつけられることもありますからね。だから、そんなことがわかったので、次に吸引分娩をしなくてはいけないケースの際に、お母さんのお腹に手を当てて、赤ちゃんに聞いたの。「苦しそうですが、こちらでお手伝いしてもいいかな？」ってね。そしたら、「うーん。いいけど！」って何か投げやりな返事がきたんだよね(笑)。それで、吸引分娩をやらせてもらったら、今度は赤ちゃんの方から、「ありがとう！」っていう顔で出てきたんだ。だから、同じお産でも赤ちゃんに話しかけるのとかけないのとではこんなに違うんだ、って思ったんですね。

MOMO　すごいですね。でも、赤ちゃんも1人の人間ですからね。よくわかります。赤ちゃんも自分のことをきちんと大切に扱ってほしいんですよね。

池川　そう。ところが、これが帝王切開の場合だと、自分は帝王切開で生まれると最初から理解している子は驚かないんだけれども、帝王切開の予定ではないと思っている子は驚くと思うんだ。だから、そんな時は「これから急に出てくるけれど、びっくりしないでね！」くらいは話しかけてほしいんだ。ある子どもは、帝王切開で目の前がぱかっと空いたところを「命の窓」と呼んだ子もいたんだよね。お母さん側からすると、帝王切開は自然に産む出産ではないから、ちょっと引け目を感じたりすることもあるけれど、子どもからしたら「ラッキー！」みたいな子もいるんだよね。そういう意味では、本当に一人ひとり違うんだよね。

MOMO　へー、そうなんですね。でも、お話を聞いていると、池川先生も赤ちゃんとコミュニケーションができるってことですよね？

池川　うーん。私の場合は、実際の会話はできないんだけれども、〝赤ちゃんと意思疎通できる〟、と思ってやっているんですね。だから、「赤ちゃんが何か言っているな」とか、「何か言おうとしているな」っていう感覚はよくあります。だから、今度、ＭＯＭＯちゃんがお産をするじゃない。もともとみえない世界とつながって、いろいろなものが見える人がお産をするわけだから、他の妊婦さんたちにとっても、とても貴重な情報が得られると思うの。出産直後などに赤ちゃんが何を思っているのか、みたいなこととかね。あと、せっかくなら子宮とか膣とかの感じもコミュニケーションがとれれば聞き取ってほしいな。出産の時に監督として話しかけたのが役立ったか、どうか、なども知りたいね。

MOMO　はい、そのあたりのこと、やってみますね。

池川　ぜひ、お願いいたします！　では、また出産後に様子を聞かせてください！

MOMO　はい、もちろんです。今日はありがとうございました！

池川　こちらこそ、ありがとうございます！　出産まで、身体に気をつけて過ごしてください。

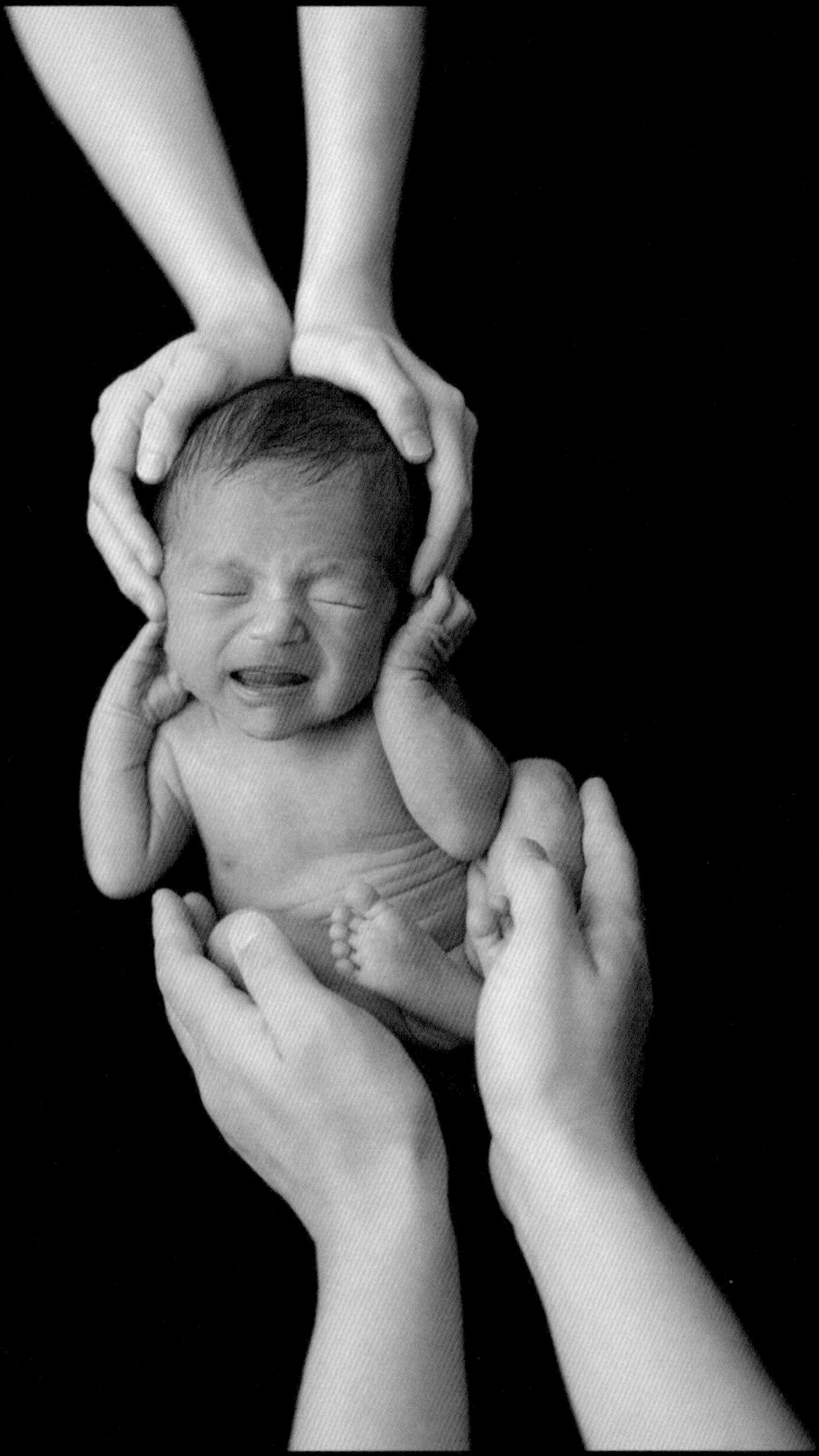

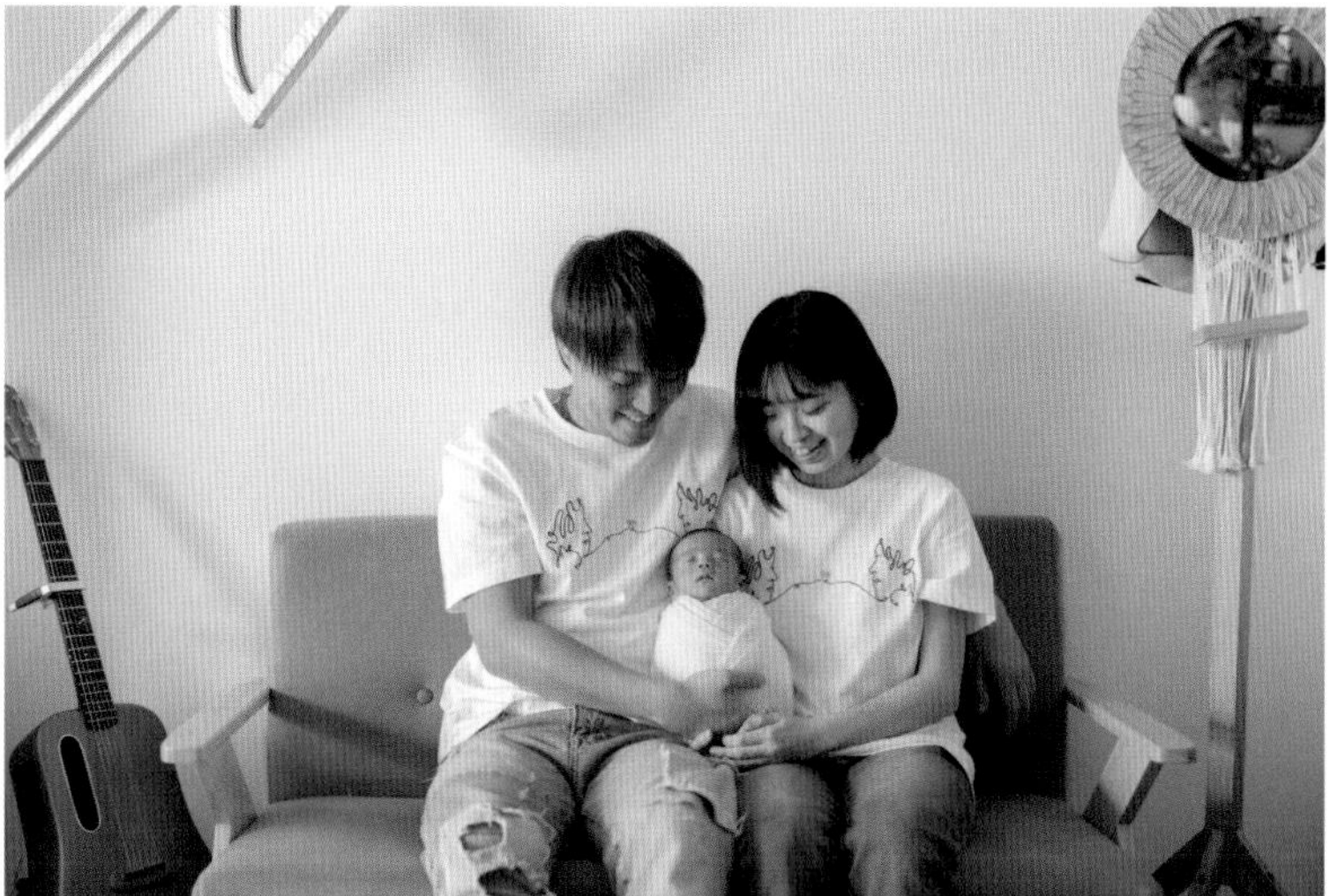

CHAPTER 4

出産後対談

池川明先生

×

MOMO

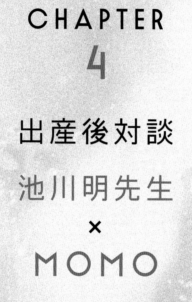

出産後対談
with
池川明先生

この世界にたくさんの笑顔を届けるために、
予定より、ちょっと早めに生まれてきたよ！
今、光の赤ちゃんたちが続々集結！

CHAPTER 4
出産後対談
池川明先生×MOMO

予定日より早く、お正月に生まれてきた！

池川　まずは、ご出産おめでとうございます！　いつ出産されたんですか？

MOMO　1月2日なので、出産してから、1か月半くらい経ったところです（収録は2024年2月27日）。

池川　それは、新年早々、おめでたい日になりましたね。出産にはどれくらい時間がかかったの？

MOMO　12時間くらいかかったんです。1月2日のお昼の13時すぎに無事に男の子が

2368グラムで生まれました。もともと助産院で産む予定だったので、陣痛がきてから助産院へ行ったのですが、予定日よりかなり早く生まれることになってしまったので、助産院で出産するには2日ほど足りなかったのです（助産院は37週以降から出産可能）。だから、急遽《きゅうきょ》、病院の方へ行き、そこで出産するという運びになりました。

池川　そうだったんですね！　体重は普通ですね。名前は教えてもらっていいですか？

MOMO　「星」に「晴れる」と書いて、「せれん」という名前です。

池川　なるほど、星晴君ね。本人は、名前は気に入ってくれていますか？

MOMO　はい、気に入っています。本人が選んだ名前なんですよ。

池川　そうなんだね。ちなみに、産む時は、安産でした？　難産でした？　それとも、中間くらい？

MOMO　うーん、中間くらいでしょうか。でも、お産の途中で、大変な瞬間もあったんです。痛みが強くて、意識が飛ぶほどの時もあったんです。

臓器たちの総監督になるには練習が必要

池川　えー、そうだったんですね。MOMOちゃんのことだから、子宮に話しかけながらスムーズに出産できたのかと思ったんですが。

ＭＯＭＯ　はい、もちろん、心の中できちんと身体に話しかけてやってみました。そしたら、子宮から「話しかけてくるのが遅いよ！」って言われました（笑）。「半年前くらいから、話しかけてくれたらよかったのに。突然だと、身体がついていけないよ〜」って言われました。

池川　そうなんだ！　やっぱり身体の臓器たちの総監督として、コミュニケーションをとるにも予行演習が必要だったというわけだ。もしかして、お母さんとしては、妊娠初期くらいから、自分の身体の臓器に語りかけるようにすべきなのかもしれないね。ちなみに、赤ちゃん自身とは出産の前後には、コミュニケーションはとれていたの？

ＭＯＭＯ　そうですね。予定日より3週間以上も早く出産したのですが、出産前に陣痛がはじまっていたのに気づかなかったのですが、赤ちゃんからは「もうはじまっているよ！　もうすぐだよ！」みたいなことが伝わってきたのはわかりました。

池川　最初は陣痛に気づかなかったんですね。面白いですね。

MOMO　はい。生理痛のような激しい痛みはあったのですが、それが陣痛とは最初はわからなかったんです。ちなみに、予定より早く生まれてきたことにも理由があったようなのです。元旦に地震があったじゃないですか。

池川　はい、能登半島地震ね。

世の中を明るくするために行っておいで！

MOMO　前回、生まれてくる赤ちゃんたちが空の上で講習を受けているっていう話をしましたよね。ちょうどこの時期に生まれてくる予定の赤ちゃんたちが集められて集会のようなものがあり、「今、行ける子はいってほしい」、というようなことを言われたらしいです。

池川　え？　どういうこと？　つまり、本来ならまだ予定日には早いけれど、地震が起きたことで、今すぐ、生まれてもいいと思う子は生まれてほしい、ということ？　どうして早く生まれた方がよかったのかな？

MOMO　皆の波動が落ちて、悲しむ人が多くなってしまう日になってしまったから、「1人でも多くの人を笑顔にするために今、生まれなさい！　皆を勇気づけてあげて！」ということだったみたいですね。それで、うちの子は、「僕が行くよ！」と挙手をして率先してやってきたみたいです。

池川　そうなんだね。じゃあ、その時に手を挙げてやってきた子たちは、人々を幸せにしたい、笑顔にしたい、というような役割を持っている子が多かったんだろうね。

CHAPTER 4

出産後対談
池川明先生×MOMO

MOMO　はい、そうだと思います。日本で1月2日〜4日くらいに生まれてきた子たちは皆、そうだと思いますよ。あと、星晴は比較的低体重だったので保育器に入っていたんですね。そのため、私は病院に7日間入院することになったのですが、星晴が言うには、両親の準備ができていない場合は、準備する時間を両親にあげるために低体重で生まれる、とのことでした。それは、心の準備というより、赤ちゃんを連れて帰った後の自宅での物理的な準備のようです。要するに、入院が少し長いことでお母さんも病院に少し長めに泊まれることでリラックスできるし、いろいろあわてずに済む、みたいなことですね。赤ちゃんの方もちゃんとした状態で自分のことを出迎えてほしいから、とのことですね。

池川　へえ。そんなことは、初めて聞きましたね。面白いですね。そうすると、話は少し戻るけれど、出産時に出産が滞りなく進行するように、お母さんが臓器たちの監督をする、というのはMOMOちゃんだけじゃなくて、他のお母さんたちもできそうですか？

各臓器と陰陽五行説の関係とは!?

MOMO　はい、もちろんです。先ほども言ったように、妊娠初期から身体の内側の声を聞くようにするといいと思います。ただし、臓器と臓器の関係にも相性というか、お互いに仲が良かったり、悪かったりとかあるみたいです。例えば、胃は気が強くて、腎臓は気が弱かったら、この2つの臓器の関係性においてケンカが起きると、胃の方が勝ちますよね。だから、そんな各々の関係性なんかも本当はきちんと監督できればいいですよね。実は、私はそれぞれの臓器には、それぞれ独立した感情があると思っていて……。それは、口とか歯、鼻や目なども同じです。例えば、歯なんかだと、「今、この人、怒っていて歯をくいしばっているな」とか、「今、この人は美味しいものを食べているんだな」とかいちいち感じているんじゃないかなと思っているんですけれど。

池川　そうかもしれませんね。臓器の関係性などは、「陰陽五行（五行説）」においては、「木・火・土・金・水」の関係性なども説かれていますよね。要するに、「木は火を生じさせ、燃えたものは土に還り、土は固まると金（鉱物）となって、金は冷えると水を生じさせて、水は木を育てる」というような関係性ですね。だから、身体の各臓器の関係性においても、どちらがどちらには強い、というようなものがあるのかもしれません。そういうものをＭＯＭＯちゃんは、感じていたということですね。つまり、お産の時にはそれぞれの臓器のバランスをきちんと整えておかないといけない、ということですね。

ＭＯＭＯ　はい、そう思います。

出産前にウツになったのは闇に狙われた!?

池川　それでは、ちょっと妊娠期間中のことについて聞いておきたいんだけれど、妊娠10週目くらいから胎児も落ち着くんですが、妊娠の前期、中期、後期において、赤ちゃんの落ち着き度はどんな感じでしたか？　例えば、やっぱり流産になってしまうような赤ちゃんの場合、落ち着きがなかったりすることも多いのですが、そのあたりの感覚はどうでしたか？　参考のために聞いておきたいですね。

MOMO　初期の頃は、ちょっとそわそわしていたと思います。それは、赤ちゃんの魂とお母さんの身体がまだきちんとつながっていないからかもしれません。母親と胎児の2人をつなぐ目に見えないコードみたいなものがあって、初期の頃は、そのコードが切れやすいのだと思います。そのあたりが落ち着くのは中期以降だと思います。

池川　なるほど。ちなみに、出産前まで問題なく過ごせましたか？

MOMO　実は、後半の頃は、私自身のメンタルがかなりやられてしまって……。「もう、死んでしまいたい！」なんてことまで考えることさえあったんです。もしかして、闇（ダークフォース）から狙われていたからかな？　それも、私と赤ちゃんの両方が狙われていたような気がします。

池川　え～!!　それは驚きですね！　どうして？　どういうことですか？

MOMO　特に出産前の1か月の12月はウツ気味で、精神的なアップダウンがひどかったんです。闇に狙われたんじゃないか、と言えるのは、子どもが光の存在だから、生まれたら困る、みたいな感じなんじゃないかなと思って……。

池川　なるほど！「赤ちゃんを連れていっちゃうぞ！」というわけだ。親子の関係を引きはがそうとしたのかもね！　そういうこともあり得るのかもしれないね。生まれてくる赤ちゃんたちは、すべてが皆、光の存在ではないのかなと思うんだけれど、そうでない赤ちゃんたちもいるのかな？

MOMO　はい、いるのかもしれません。生まれる前に悪魔と契約する場合もあるので。

池川　なるほど。悪魔と契約する人はエゴが強くて、富や名声を得て成功したいような人だったりするのかな？

MOMO　そうですね。あと、何かを得ることと引き換えに、自分の魂を売るような人でしょうか。

赤ちゃんが「薬を飲まないで！」と伝えてきた

池川　なるほど。魂を売って、その代わりに何かの見返りを求める人ですね。でも、本来なら赤ちゃんという存在は、光を皆に届けるような存在の子が多いはずだよね。だから、お母さんの方は、その光を受け取れればいいんだよね。でも、赤ちゃんが光を発していることに気づかないご両親も多いと思うんだけれど、そんな時は、赤ちゃんはわかってもらえなくて、くじけちゃうのかな。

MOMO　はい、くじけちゃうかもしれませんね（笑）。

池川

赤ちゃんはママのことを思って、必要なことを伝えようとしてくれたりするからね。過去にこんなことがあってね。ある患者さんで、お腹が張って切迫早産になりそうだから薬が欲しいとうちに来られていた人がいてね、私はあまりその薬は好きじゃないので出したくなかったんですね。だいたい原因は、ストレスとか動きすぎとか食べ物とかなんだけれど、その人の場合、原因もはっきりわからなかったんだよね。そうしたら、病院の待合室で隣に座っていた別の患者さんがその切迫早産の患者さんのお腹の中にいる赤ちゃんと話ができる人だったらしく、赤ちゃんがその人に話しかけてきたんです。「さっき出してもらった薬を飲むと、胸が苦しくなるので、この人（赤ちゃんの母親）にその薬はやめるように言ってくれない？」って。そして、その方が診療室に入ってきた時に、そのことを私に教えてくれて「どうしましょう？」って相談してきたんですね。だって、赤ちゃんがメッセージを伝えてくるなんていうことは、信じない人にはまったく信じられないからね。だから、その切迫早産の患者さんには、「とにかく、あまり心配しすぎないでね！」と伝えるしかなかったんだけれどね。ちなみに、その赤ちゃんはこの件で、「人間不信になっちゃった」と言っていたらしいんだよね。赤ちゃんがこんなふうにならないようにするには、どうすればいいと思う？

赤ちゃんをハグしてあげて！

MOMO　やっぱり、皆から抱きしめてもらうことですね。もちろん、お母さんや家族からは当然ですが、いろいろな人からハグしてもらうのが好きみたいです。もし、まだ、赤ちゃんがお腹の中にいる時だったら、お母さんのお腹を抱えるようにハグしてもらうだけでもいいと思いますよ。

池川　なるほど。妊婦さんのお腹をハグする場合、ハグする人や、そのやり方によってはちょっとセクハラに見えることもあるかもですが（笑）、赤ちゃんのことを考えるなら、そうした方がいいんだね。

MOMO　はい、そうですね(笑)。ハグはとても大事です。あとは、お腹に手を当てて「大丈夫だよ！」とか「ありがとう！」などを伝えるだけでもいいんですよ。

池川　確かにそんなことも大事だね。あと、1つ聞きたいんだけれど、お産の時はお母さんが痛い思いをしますよね。そうすると、お母さんとしては自分のことで精いっぱいになるので、自分にしか意識が向かなくなってしまうものなんです。でもやっぱり、赤ちゃんの方にも意識を向けて、一緒にお産をするんだ、というような気持ちでいた方がいいんですよね？

MOMO　はい、それは絶対にそう思います！　赤ちゃんのためにもお母さんのためにも。

池川　ただし、急に陣痛がはじまった場合なんかは、やはり、そこまでの余裕はないから難しいみたい。だから、出産前から赤ちゃんとのコミュニケーションはしっかりとっておく必要があるね。赤ちゃんたちも、出産する時のために、空の上で講座を受けてやってくる、って言っていたくらいだしね。

MOMO　はい、そうです。あと、空の上での講座に関しては、障がいを持った子たちは別の講座を受けてくるらしいです。一般的に、障がいを持った子たちはとても精神年齢が高いのですが、それは空の上で、「心の講座」をたくさん受けてくるからなのです。

障がいを抱えてくる子たちのミッションとは

池川　へえ〜、そうなんだ。確かに、障がいを持ったお子さんは魂レベルが高いとは思っていたけれどね。それでも、彼らは地上に降りてきて、生きづらさみたいなものを感じることが多いから、そのために必要なことを学んでくる、というような感じなのかな？

MOMO　はい、その通りですね。例えば、「人の目を気にしないということ」なども学びます。障がいを持っている子は、生きていく上でダメージを受けないように、〝心の在り方〟みたいなものを授業で受けた上でやってくるみたいです。今、日本でも発達障がいや自閉症の人たちが増えてきていますよね。日本人は自分の気持ちを伝えるのが下手だから、あえて、そのような症状を担ってやってくるケースが多い、と上の人から教わったことがあります。そんな子たちは、1から10まできちんと自分の気持ちを周囲に伝えないと、周囲からも理解してもらえないことが多いですよね。

池川　そうだね。そのような場合は、大人の方もそのことをきちんとわかってあげないといけない、ということでもあるね。

MOMO　はい。自分の言葉で相手に気持ちを伝えることが大事なんですね。日本人って自分の気持ちを上手く伝えられない人が、いわゆる〝標準の人〞みたいになっていますよね。そして、生き方が自由で突き抜けていると、その人は〝変わった人〞になってしまう。だから、上から見ていると、そんな標準の人たちが多すぎる社会はちょっと暗い社会に見えているそうです。

池川　そうなんだ！　それはまずいね。これから日本を明るくしていかないといけないのにね。でも、自閉症や発達障がいを抱えて生まれてくる子どもたちの存在が、標準すぎる生き方をしている大人たちを目覚めさせる、ということでもあるんだね。

MOMO　そう、そうなんですね。

池川　じゃあ、明るい日本人たちが増えれば、障がいを持った子たちは減っていくのかな？

MOMO　はい、そういうことみたいです。皆がちょっと変わった人になって自由に生きていけばいいということですね。

池川　日本人は、ちょっと変わった人のことをいやがるけれどね。でも、世界基準だと、ちょっと変わった人の方が普通だからね。

MOMO　そうですね！

赤ちゃんはすべてわかっている

池川　あと、赤ちゃんたちは生まれた直後に、先生や看護師さん、助産師さんたちにどのように扱われたい、とかあったりする？　というのも、赤ちゃんたちはまだ小さいから何もわからないだろう、ってちょっと雑に扱う人なんかいたりするんですよね。でも、赤ちゃんはそんなこともすべてわかっているんじゃないかと思っているんだけれど、どう思う？

MOMO　はい、わかっていますよ。自分のこともそうかもしれないけれど、お母さんが大切に扱われないのも怒ると思います。

池川　そうか、お母さんの方もね。そこまでは気がつかなかったな。気をつけないといけないね。ところで、星晴君とは、おしゃべりはできていますか？　もちろん、テレパシーで、という意味でのやりとりですが。

MOMO　はい、できていますよ。お腹が空いた、みたいなのとかはすぐにわかります。おむつを替えるときも、きちんと合図が来ます。

池川　今は母乳ですか？　それともミルク？

MOMO　ほとんど母乳で、時々ミルクですね。

池川　どちらが好きなのかな？

MOMO　母乳もミルクもどちらも好きみたいです。ちなみに、空の上の講座では赤ちゃんがお乳を飲む練習というか、乳首を吸う練習などもあるようです。初めての授乳の時にも、お乳を吸うのがすごく上手でびっくりしました。

池川　他の赤ちゃんの例だと、やっぱり最初は身体が動かなかったり、戸惑ったりするケースも多いようですね。きっと、星晴君は講座をしっかり受けてきたんだね（笑）。ちなみに、よく泣いたりしますか？

MOMO　抱っこグセがついているので、下に置くと、泣きますね。やっぱり1人にされたくないみたいですね。

池川　1人にされると怒る子もいるね。「私も（僕も）、皆の中に混ぜて」という気持ちがあるみたいですよ。

MOMO　そう。だから、星晴を家に置いて外出する時などは「今から、外にちょっと出てくるね！」ときちんと声をかけます。そうすると、「いいよ！」と返してくれますね。

池川　そうだよね。きちんと声をかけた方がいいよね。今度、保育園に行くお子さんがいらっしゃるお母さんから、「子どもといつも一緒だと、ちょっと離れるだけで子どもが泣くので、どこかへ行くときにはそっと消えた方がいいですかね？」と聞かれたことがあったんです。私は「それはダメですよ。子どもは捨てられたと思っちゃうから、きちんと、○○時には帰ってくるからね」と伝えてあげてください、と言ったんだけれど、その方がいいよね？

MOMO　はい、絶対、そんな感じで伝えた方がいいです。

ミッションがあっても忘れてしまう子たち

池川　これから星晴君を育てていくにあたって、本人から「こうしてほしい！」みたいなことを感じることはある？

MOMO　私を選んだのが「自由に育ててくれる」ということらしいです。あと、将来は「皆を笑顔にしていきたい」そうです。

池川　今の時期に生まれてくる子は「皆を笑顔にしたい！」という子が多いと思うんだけれど、どれくらいの子がそのような目標を持っているかわかる？

MOMO　今、7割くらいの子がそんなミッションを持って生まれてきていますよ。でも、それを忘れてしまう子も多いんです。そんな目標をきちんと覚えたまま大人になるのは1～2割くらいだと思います。

池川　やっぱり、忘れてしまうんだね。

MOMO　でも、忘れる子は、忘れる理由がきちんとあるみたいですね。一度忘れさせられてしまうと、もう思い出さないまま人生を終える人も多いんです。

池川　そのためにも、親が育てながらそのことを思い出させるようにするという手もあるね。

MOMO　そうですね。その方法もありですね。そうすると、きちんと思い出すと思います。

池川　これから、MOMOちゃんはどのように教育をしていきたいと思っている?

MOMO　基本的には、とにかく、自由に育てたいですね。でも、厳しくしないといけないところは厳しくありたいですね。

池川　特に、ＭＯＭＯちゃんはいろいろなものが見えてしまうから、厳しいところもあるかもしれないね。

ＭＯＭＯ　そうですね。やっぱり人の気持ちとかはよくわかるから、そのあたりに関しては、きちんとしつけていきたいですね。

確実に
魂は存在するけれど、
魂がないケースもある!?

CHAPTER 4

出産後対談
池川明先生×MOMO

池川　息子さんが30歳になったとき、どんな青年になっているようなイメージを持っています？

MOMO　2つのイメージが出てきたんですけれど、スーツ姿でいきいきと忙しく人のために働いているようなイメージと、海外でバカンスを楽しんでいるような姿がありますね。

池川　それはいいですね！　最後に、ここまでいろいろ話してきて、改めての質問ですが、人間は肉体だけの存在ではなく、魂がある存在だと考えていいですか？

MOMO　はい、もちろん、そうですね。

池川　実は、まだまだ魂の存在を信じていない人も多いんですよね。

MOMO　でも一見、魂はあるように見えても、実はない人がいて、そんな人たちは魂の存在を信じないかもしれません。例えば、宇宙人でグレイ星人っていますよね。

彼らは実際には生きているけれど、人工的というかAIやロボットのような存在だったりするので、人間でもグレイの系統の人たちなら、魂はやはりないかもしれません。

池川　へー、そういう人がいるんだ！　それは知らなかった……。

MOMO　はい、そういう人って意外といるんですよ。もちろん、普通の人間の姿でこの社会で生きていますよ。

池川　えー、そんな人はどこで見分ければいいの？

MOMO　それが見分けるのが難しいんです。でも、感情の喜怒哀楽がない人とか、怒りっぽい人とかだったり、あと、皆に対してネガティブなエネルギーを与えている人はそうだったりします。操られているような人、というか。

池川　いる！　確かにいるね、そういう人。そういう人が側に来ると、エネルギーを吸い取られているような気がすることがあるよね。私がエネルギーを充電してあげているのかも（笑）。そういう意味において、感情が豊かな人はきちんとした人間と言えるね。時には怒ったりするけれど、きちんと喜びも感じられる、という人は大丈夫だね。

MOMO　はい、そうです！

池川　最後は、宇宙人の話にまで発展してしまいましたが、今日はありがとうございました。とにかく、ご出産、おめでとうございます！　これから星晴君の成長が楽しみですね。また、ぜひ、成長の様子も教えてくださいね。

MOMO　こちらこそ、今日はどうもありがとうございました！　私の方もまた、いろいろと子育てについて学んでいきたいと思いますので、これからもアドバイスの方、どうぞよろしくお願いいたします！

池川　はい、喜んで！

ＭＯＭＯ　また、ご連絡させていただきますね！

CHAPTER 5

MAMAとして生きていく

MOMO

出産前の1か月はブルーな気分になる

池川先生との対談でもお話ししていたように、出産予定日は1月26日でしたが、12月になるとなんとなく出産日が早まるのではと感じていました。

実は、出産前の約1か月間は、精神的にとてもブルーな気持ちになっていたのです。本来なら、「もうすぐ赤ちゃんに会える！」とワクワクしているところなのですが、ホルモンの関係なのか、理由もわからないまま、うつ状態が続いていました。

これをマタニティブルーと呼ぶのかどうかはわかりませんが、なぜか「もう、人生やめたい！　死にたい！」と思うほど落ち込んでしまうこともありました。

ある時は、「赤ちゃんを産むまでは頑張るけれど、もう、その後、私は出産という役目を果たしたら、そのまま死んだっていい……」という考えまでが頭をよぎったことさえありました。

その頃は、なんとか食事はしていましたが、人と話すことも億劫《おっくう》になってしまい、お仕事などもキャンセルすることもありました。

ところが、出産直前の12月29日あたりから、突然、不思議なことにサーッと霧が晴れるようにいつもの自分が戻ってきて、気持ちも前向きになれたのです。

なぜ、出産前の約1か月間にこのような心の状態になったのかは、今でもわかりません。

その期間は、自分の心が乗っ取られたような感覚であり、まるで、何かダークサイドのパワーで魔法にかけられているような感覚に陥っていました。

でも、その期間の私は、暗闇の中で自分自身を見つめながら「人間って何？」と自分に向き合い、いろいろなことを考えるいい機会にもなったのです。

これまで私は、セッションでお会いするクライアントさんなど他の人のことは、その人の本質やクセなどにはすぐに気づくのですが、自分のことは意外と理解していないことに気づきました。

おかげさまでこの期間、私はようやく自分の内側をじっくり見つめ直せたのです。

だからある意味、ウツっぽくなった期間にも感謝ですね。

ついに、出産！

年末近くになると、気分もすっきりと晴れてきたと同時に、出産がすぐそこまできていることが直感的にわかりました。

とはいえ、年末年始は予定通り、大阪から実家の岡山に帰省することにしました。

すると、31日の夜から元旦の1日にかけての夢で、「生まれる日は、もうわかるよ！」と赤ちゃんが伝えてきました。

これまで、具体的な日程はまったく教えてくれていませんでしたが、元旦に初日の出を見にいった頃から身体に陣痛の症状が現れてきたので、あわてて大阪に戻ることになりました。

そこから痛みも激しくなり、早産になるので助産院が連携しているクリニックへと移動することになりました。

通常、37週になっていないと助産院では出産できないのですが、陣痛が来たのが36週と4日目であったことからクリニックで出産することになりました。

この時、子宮口はまだあまり開いていなかったけれど、赤ちゃんは「はやく出るぞ～！」という勢いでした。

そして、陣痛がはじまってから丸1日経ち、1月2日の13時13分に無事に男の子が誕生しました。

名前は、星晴《せれん》
2024年1月2日　13時13分に誕生
（2368グラム　45センチ）

名前には、「僕は、この世界で光輝くよ！」という役割があることを伝えてくれていたので、「輝」という字の名前も候補にありましたが、「この名前もいいかも⁉」という感じで突然、「星晴」と書いて「せれん」と読む名前が年末に頭に浮かんできたことで、星晴に決定しました。

赤ちゃんもこの星晴という名前はとても気に入ってくれているようです。

ちなみに、生まれたすぐ後は、私の手元にすぐに赤ちゃんがやってくるわけではなく、看護師さんが赤ちゃんをキレイに整えてからになります。

だから、星晴は「はやく、ママのところに行きたい！」という顔をしていたのですが、その後は次に先生が星晴のビデオを撮りはじめて、そこでまた時間をしばらくかけていたので、ついに「どうしてママじゃないの⁉」と怒っていました。

そしてようやく、星晴を抱きかかえることができたのです。

星晴は、2500グラムより小さかったので、しばらくの間、保育器の中で育つことになりました。

ちなみに、最初に星晴を見た時、赤ちゃんなのになんとなく大人のような強い魂であることが伝わってきて、私が小さい頃から遭遇していた「小さいおじさん」みたいな感じでした。

星晴が生まれた瞬間に、青い宇宙を背景に赤い星が見えたことから、アルクトゥルスからやってきたんだ、ということがわかりました。

そう、スターシードの男の子です。

星晴が少し早く生まれてきた理由

星晴が生まれた日は、ご存じのように元旦に起きた能登地震の翌日の1月2日。
この日も羽田空港で日本航空機と、海上保安庁の航空機が滑走路上で衝突した事故も起きるなど、不安な年明けが続いていました。

これについて、私が高次元から受け取ったメッセージは、「多くの人たちは今、災害が起きるといわれている2025年に向けて大きな恐怖と不安を抱いている。そんな人たちこそ、今、気がついてほしい。今起きていることは、やってくるはずの大難を小難にしている動きでもあるのだから。今ここで、人々がどのような対応をするのか、皆が力を合わせて協力し合えるのか、ということを上の世界の存在たちは見ているよ」ということでした。

つまり、私たちは試されているのです。

もし今、私たちが力を合わせて助け合うことができるのなら、2025年にやってくるといわれている災害は起きないのかもしれません。

でも、そんな日々の中にも喜びだってあるんだよ、というのが星晴の誕生した意味でもあるのです。

星晴は、1月下旬に生まれてくる予定から、皆に勇気と希望を届けるんだ、と率先してあえてこの日に生まれてきてくれたのです。

他の赤ちゃんたちをリードする星晴!?

生まれてからしばらくの間、星晴は新生児室の中で保育器の中に入っていました。
すると、新生児室には次々に新たに生まれた赤ちゃんたちがやってきます。

その中で、新しくやってきた1人の赤ちゃんが大泣きをしていました。
すると、星晴がその子にテレパシーで、「もう少しでキミのママが迎えにきてくれるから大丈夫だよ！　もう少しで会えるから、心配しないでね！　泣かないで！」と諭していたのです。

その子には、人間の世界のことをいろいろと教えてあげているようでした。
そのうち、その赤ちゃんも星晴の話に納得したのか、泣き疲れたのか、しばらくするとすやすやと眠っていました。

これは、私が新生児室でその様子を見たわけではなく、自分の病室から星晴を思い浮かべた時に見えたビジョンです。

星晴もまだ生まれたばかりなのに、赤ちゃんたちの先輩みたいになっていてすごいな~と思ったのです。

もしかして、いつの日か、私の方が頼ってしまうような子になるのかもしれません(笑)。

もうすぐママに会えるよ!

大好きなおじいちゃんが出産の時にも来てくれた！

私の大好きなおじいちゃん。

でも私は、実はおじいちゃんには直接、会ったことはないのです。

なぜなら、私が母のお腹の中にいる時にすでにおじいちゃんは亡くなってしまったからです。

でも、私はおじいちゃんのことをお腹の中からいつも見ていたので、おじいちゃんがどんな人柄か、よく知っていました。

だから、小さい頃からおじいちゃんのスピリットとはいつも一緒で、とても仲が良かったのです。

小学校の時などは、6年間にわたって学校からの帰り道もずっと一緒で、その日にあったことなどをおじいちゃんに報告しておしゃべりをしながら楽しく帰宅していたものです。

今思うと、おじいちゃんは、私を守ってくれるガイドの役割のような存在だったと言えるでしょう。

そして、そんなおじいちゃんは、出産時にも隣にいてくれたのです！

ちょうど私が陣痛で苦しんでいる間、おじいちゃんは、なんと、病院の陣痛室の扉を開けて部屋に入ってきたのです。

そして、「もう少しで生まれるぞ〜！　あと一息、頑張りなさいよ〜！」と耳元で声をかけてくれていたのです。

病院へ移動する前に助産院で陣痛を乗り越えようとしていた時にもおじいちゃんは来てくれて、私の隣で一緒に横になってくれていたのです。

陣痛の痛みで心に余裕がなかった時に、おじいちゃんのやさしさが伝わってきてとても温かい気持ちになりました！

おじいちゃんは、妊娠中からお腹の中の星晴とも遊んでくれていたみたいです。

私を小さい頃から見つめてくれていたおじいちゃんに、星晴を見てもらえたことが私にとっての喜びです。

これからも、おじいちゃんには、星晴と私の成長を見守ってほしいと願っています。

MOMOから星晴へのQ&A

Q. 今回の人生で大きくなったらやってみたいこと、今から楽しみにしていることはある？

☆これから、この世界で生きていくことがとっても楽しみだよ。ママのお腹の中から出てきて身体が自由になった今から、どんな景色が見えるだろう。どんな経験ができるんだろう。これからいろいろなことがあると思うけれど、きっと何があったとしても楽しく乗り越えていけると思っているよ。

Q. 生まれてくることに不安や心配事はあった？

☆僕自身は心配や不安はなかったよ。逆に、パパやママや周りの人たちの方が大丈夫かな？って思ったくらい。今はもう皆、大丈夫だよね。僕がついているからね！

Q. 今、毎日、どんなことを考えている？

☆お乳を飲みたい。ママのおっぱいに吸いつきたい（笑）。
☆うんちを出したい。
☆夜、寝ている時に夜泣きをするのはね、いろいろなものが見えて怖いんだ！悪魔に脅かされることもあるんだ！
☆身体がまだ思うように動かせないから、困っているんだ。なんだか僕、虫みたいな感じがする。

Q. ママにこんなことをしてほしい、というリクエストはある？

☆僕をいっぱい愛してほしい！　ママもパパもお互いに愛し合って、元気でいてくれたらそれでいいよ！

Q. ママとして、MOMOを選んだ理由は？

☆自由に育ててくれるから。実はね、ママが小学校6年生の時に、将来、子どもを産むという選択をしてくれていたの。だから、その瞬間からもうママの近くにいたんだよ。ママは可愛くて僕をいっぱい愛してくれるから大好き！

Q. これから親子で一緒にやってみたいことはある？

☆少し大きくなったら、いろいろな国や場所に一緒に行ってみたいな。そして、たくさんの経験を積みながら、一緒に成長していきたい！

Q. 生まれてくる前はどこにいたの？

☆アルクトゥルスという星にずっといたの。そこから、この地球だけじゃなくて、他の星なんかも観察していたよ。僕が何かできることないかなーって考えていた。でも、いろいろと考えすぎて迷ってしまって困っていたよ（笑）。

Q. 今回、地球にやってきた理由は？ 何かお役目やミッションはある？

☆皆を勇気づけて笑顔にすること！　ママとパパとも一緒にやっていきた

い。

Q.
日本人の子どもとして生まれてきた意味はある？

☆パパとママがいるのが、日本であり日本人だったから、というのが理由だよ。それに、2人と一緒に地球を守るってことを約束してきたからね。日本にはね、とても大切なものがいっぱい埋まっているすごい場所なんだよ。基本的に、僕たち赤ちゃんは国や場所を選んでくるというより、ママを選ぶ子はママがいる場所に行くし、パパを選ぶ子はパパがいる場所に行くの。

Q.
今から成長して大きくなった世界（社会）はどんなふうになっている？

☆僕が大きくなった社会は明るいし、大丈夫だよ！　今、障がいを持った子たちがたくさん生まれてきているのにも理由があるんだよ。〝障がい〟という名ではあるけれど、その子たちは、これからの地球の未来のために、そして皆のために生まれてきてくれているんだよ。これからは、そんな彼らと共に、皆で支え合いながら生きていく時代になっていくんだよ。

MOMOから星晴へ

私にも「守りたい！」と思うことができる命が、また1つ増えました。
愛する人との間に誕生した小さな命に、心からありがとう。
今日から星晴という名前をこの地球で背負って生きていくんだね。

あなたは、本当に面白い登場の仕方でこの世界にやってきたんだよ。
皆がびっくりするようなやり方でね。

あなたは、生まれる前からたくさんの人に愛されてきたし、
生まれてきたこれからも、きっとたくさんの人が愛してくれるはずだよ。
これからの世界のヒーローだからね！

私は、あなたがここにくる前にも、いろいろな存在と闘ってきたことを知っているよ。
そんなあなただからこそ、「たくさんの人の命を守り、喜びに変えていく」
という約束をして、私のもとにやってきてくれたんだよね。

他の人たちから「やめた方がいいよ！」とアドバイスされても、
「僕は絶対にできるから！」って言ってあきらめなかった。
私は、あなたが生まれた瞬間の目を一生忘れない。
瞳の奥に、ブルーと紺色の宇宙の背景に赤い星が見えたの。
きっとそこからやって来たのかな？

その後で、「うぎゃ～～！」と泣いたのは、「元気だよ！」ってしるしだね。
あと、先生に身体をたたかれる（呼吸を促すため）のが嫌だったからだね。
その時、目が真っ黒になって、「なんだよ～！」って声が聞こえた。

MOMO

あなたは、まだ生まれてきてわずかしか経っていないけれど、私の小さな身体の中は狭すぎたからなのか、外へ出た今は、すごい勢いで成長しているね。


ママとパパのところに来てくれてどうもありがとう。

この先、たくさん、わからないことがいっぱい出てくると思うけれど、私たちにも初めてのことだらけだから、温かく見守っていてね。


私たちにとっても、人生の新しいスタートだよ。

私はすごく不器用で、どんくさいけど、ただ1つ言えることは、あなたを愛しつづけること。

あなたを守ること。

それだけは約束するね！

おわりに

最後まで本書を読んでいただき、どうもありがとうございます！

『地球でMAMAになったMOMO　多次元宇宙からやってきた女の子の大冒険！』は、いかがでしたか？

小さい頃から、多次元を行き来しながら生きてきた私のことを、本書を通して初めて知っていただいた人もいるかもしれません。

私のそんな生き方が、ほんの少しでも皆さんのお役に立つことができれば、とてもうれしいです！

さて今、生後3か月を過ぎた（2024年4月現在）星晴は、毎日すくすくと元気いっぱいに育っています。

星晴は、笑顔いっぱいでよく笑う子ですが、よく私たちのことを観察するかのように、じっと〝ガン見《み》〟をしてきたりもします（笑）。

また、私たちにかまってほしいときは、「おい、おい！」と呼んでくるし、忙しくてちょっと相手にできていないときは、だんだん不機嫌になってきたりもします。

そんな日々の中で、だんだんと私たち親子もお互いのコミュニケーションが取れるようになりました。

もちろん、テレパシー上では、もっと自由にコミュニケーションができるので、いつもお互いに「たくさんの人たちを笑顔にしようね！」などと語り合っています。

とにかく毎日、私の方から「星晴は天才だよ〜！」「大好きだよ〜！」「愛しているよ〜！」「あなたは、皆に愛されているからね〜！」などと声をかけていると、星晴もニコニコと笑顔で返事をしてくれています。

今のところ、まだまだ肉体的にも小さい星晴は、当然、歩くこともできないので、私は「今、お外ではこんなお花が咲いているよ！」とか、「今日は、とてもいい天気だよ！」などと、この地球上にある美しい世界のことを報告するようにしていますが、そんな私のつぶやきを、星晴は目を精いっぱい見開いて興味深そうに聞いてくれています。

こんなふうに今、私は初めての〝ママ〟という経験を日々積んでいるわけですが、私は自分自身であまりママという認識はしていません。

「ママだから、頑張らなくてはいけない！」

「ママだから、こうしなくちゃいけない……」

などという、ママとしての既成概念やルールに縛られるのではなく、まずは私も1人の人間として生きていきたいからです。

その上で、今はママとして、すべてのことが学びである新しい体験を送りながら、そんな日々に感謝をして1日1日を過ごしているところです。

星晴が笑うとき、身体全体から天使があふれ出して、たくさん周囲に飛んでいくのが見えます。

そんな様子を見ると、私もとても幸せを感じながら、この幸せを皆さんにもお届けしたいなと思っています。

これから星晴には、命ある限りいっぱい身体を使って、この地球で楽しんでもらいたいです。

そして、いろいろな景色を見たり、さまざまな経験をしたりして人生を楽しんでほしいです。

最後に、出産の前と後に2回も対談をしていただき、たくさんのアドバイスをくださった池川明先生、どうもありがとうございました！

今後とも、どうぞよろしくお願いいたします！

これからも星晴と共に成長していく私のことを、皆さんもぜひ温かく見守っていただければ幸いです。

MOMO

［著者］

MOMO

もも

みえない世界の案内人。幼少期から多次元とつながる体験をしながらも、実生活においてはいじめや、生きづらい日々を過ごすこともあった。現在は、みえない世界と見える世界を行き来する体験を通して、今という瞬間の自分を大切にしながら生きる意味を多くの人々に伝えている。セッションでは、守護霊や高次元存在、亡くなった人や、ペットなど、さまざまな存在たちからその人に必要なメッセージを届ける。2024年1月に出産を経て、これからは1人の母親として、また、スターシードの息子と共に、家族で新たな人生の旅路を歩みはじめる。著書に『みえない世界の案内人』（トキツカゼ出版）。

［特別ゲスト］

池川明《いけがわ　あきら》

産婦人科医・医学博士、1954年生まれ。日本における「胎内記憶」領域の第一人者として、これまで数々の研究論文・書籍の執筆や、新聞・映画等のメディアへの出演を続けてきた。2013年から上映されている映画『かみさまとのやくそく』では主演を務め、現在までの観客動員数は31万人にのぼる。1989年に横浜市に産婦人科 池川クリニックを開設し、現在まで数多くの出産を扱ってきた。現在では胎内記憶を世界に広める活動を中心に展開している。著作は『胎内記憶が教えてくれた　この世に生まれてきた大切な理由』（青春出版社）など多数。

地球でMAMAになったMOMO

多次元宇宙からやってきた女の子の大冒険！

2024年7月15日　第1版第1刷発行

著　者　　MOMO

編　集　　西元 啓子
イラスト　ひぐらし カンナ
校　正　　野崎 清春
デザイン　小山 悠太

発行者　　大森 浩司
発行所　　株式会社 ヴォイス　出版事業部
〒106-0031
東京都港区西麻布3-24-17 広瀬ビル
☎ 03-5474-5777（代表）
📠 03-5411-1939
www.voice-inc.co.jp

印刷・製本　株式会社 シナノパブリッシングプレス

©2024 MOMO, Printed in Japan.

ISBN978-4-89976-569-1

禁無断転載・複製